HEYNE KOCHBÜCHER

INGRID MALHOTRA

# Brot
## selbst backen

### Über 100 Rezepte
### nach traditionellen Backmethoden

Originalausgabe

WILHELM HEYNE VERLAG
MÜNCHEN

Heyne Kochbuch
07/4723

Lektorat: Claudia Schmidt
Copyright © 1998 by Wilhelm Heyne Verlag
GmbH und Co. KG, München
http://www.heyne.de
Printed in Germany 1998
Umschlaggestaltung: Atelier Ingrid Schütz, München
Umschlagfoto: Ulla Mayer-Raichle, Kempten
Zeichnungen: Designstudio Fleischer, München
Satz: Schaber Satz- und Datentechnik, Wels
Druck und Bindung: RMO-Druck, München

ISBN 3-453-14515-1

# INHALT

**Abkürzungen und Erklärungen:**

EL      = Eßlöffel
TL      = Teelöffel
Msp    = Messerspitze
g        = Gramm
kg      = Kilogramm
l        = Liter
ml      = Milliliter
TK      = Tiefkühlprodukt
geh.    = gehäuft(er)
gestr.   = gestrichen(er)
ccm    = Kubikzentimeter

Viele Brote und Brötchen werden über Dampf gebacken, weil sie sich damit besser entwickeln. Die Backöfen in den Bäckereien haben eine besondere Vorrichtung zur Erzeugung und Dosierung von Dampf. Im Haushalt kann man sich gut mit einem Schälchen Wasser behelfen, das bereits vor dem Anheizen unten in den Backofen gestellt wird.
Sofern nicht anders angegeben, werden die Brote im Backofen auf der mittleren Schiene gebacken. Die Rezepte sind für die jeweils in der Zubereitungsanweisung beschriebene Menge an Brot(en) – Laibe, Brötchen, Stücke usw. – berechnet.
Ist in den Rezeptangaben das Mehl nicht näher bezeichnet, handelt es sich um Weizen- beziehungsweise Roggenmehl der hellsten handelsüblichen Type.

# Einleitung

## Die Entwicklung des Brotes

Was wissen wir eigentlich über unser Brot? Sehr, sehr wenig, würde ich sagen. Tag für Tag freuen wir uns über die gebotene Vielfalt, genießen die Abwechslung, aber wann machen wir uns schon einmal Gedanken, wie es zu dieser Vielfalt gekommen ist!

Über Jahrtausende hat sich unser Brot aus einfachsten Anfängen entwickelt: Wie diese Anfänge ausgesehen haben mögen, läßt sich leicht nachvollziehen, wenn wir uns einmal in anderen Kontinenten umsehen.

Dort finden wir überwiegend Fladenbrote, die aus den verschiedensten Mehlsorten, Wasser und eventuell ein paar Gewürzen bestehen und sehr schnell und leicht gebacken sind. Wenn man sich das ansieht, kann man sich gut vorstellen, wie einmal eine Höhlenfrau erst mühsam ihre Grassamen zermahlen hat und sie in einer Kuhle beim Feuer zusammenschob – ein Regenguß hat sie dann in die Höhle verjagt, und als sie nach einer Weile wieder hervorkam, fand sie auf dem heißen Stein einen harten Fladen aus zerstoßenen Samen und Regenwasser; für Jäger und Sammler dürfte das eine epochemachende Entdeckung gewesen sein: Lebensmittel, die man leicht mit sich tragen kann und die auf langen Wanderungen Energie spenden, ohne aufzuhalten!

Die Bedeutung, die Brot seit jeher für die Menschen hat, läßt

sich leicht daran ablesen, daß es geradezu mit religiöser In-
brunst verehrt wird: Es ist eine Art Brot, die beim Abendmahl
die Stelle des Leibes Christi einnimmt, bei der Speisung der
5000 gab es Wein, Fisch und Brot, wir beten nicht »Unser täglich Fleisch und Gemüse gib uns heute« sondern »Unser täglich
Brot gib uns heute« …

»Brot für die Welt« hilft hungrigen Menschen in der ganzen
Welt. Und wenn wir in eine neue Wohnung ziehen, schenkt
man uns gerne Brot und Salz als Symbol für Wohlstand und
Beständigkeit.

Wie beim Abendmahl so hat Brot von jeher bei religiösen
Ritualen und Kulthandlungen eine große Rolle gespielt, auch
heute werden noch Gebildbrote mit tiefer Symbolik gebacken.
Und noch in vielen ländlichen Gebieten wird vor dem An-
schnitt in ein frisches Brot ein Kreuz eingeritzt, um den Segen
Gottes zu vergegenwärtigen.

Schwieriger wird schon die Vorstellung, wie es zu Sauerteig-
und Hefebroten kam. Sauerteig war sicher eine Zufallsent-
deckung, aber es bedurfte eines experimentierfreudigen Menschen – möglicherweise war er Ägypter –, um auf den Gedanken zu kommen, daß man damit die harten Fladen verbessern
könnte. Aber nachdem das einmal entdeckt war, lag der Ge-
danke, Hefe auf die gleiche Art und Weise einzusetzen, wohl
schon sehr nahe.

Brotbacken war in weniger komfortablen Zeiten als heute eine
gute Gelegenheit für die Hausfrauen, sich zu treffen und Neu-
igkeiten auszutauschen, denn nur wenige Haushaltsbacköfen
hatten die erforderliche Größe und gleichmäßige Wärme zum
Brotbacken, deshalb brachte man die fertigen Laibe zum
Bäcker, der sie für ein geringes Entgelt buk. Noch in den 50er
Jahren gab es diese schöne Sitte in abgelegenen Orten.

Und heutzutage? Wir können uns einfach freuen – so viele Rezepte gibt es, die meisten sind alterprobt (schließlich ist es noch gar nicht so lange her, daß man anfing, sein Brot beim Bäcker zu kaufen), und es ist sehr unterhaltsam, sich auch selbst immer neue Varianten auszudenken.

Außerdem macht Brotbacken eigentlich sehr wenig Arbeit – es dauert zwar recht lange, bis ein Sauerteig- oder Hefebrot fertig ist, aber selbst etwas dabei tun muß man nur alle paar Stunden einmal – dazwischen kann man alles mögliche mit seiner Zeit anfangen, der eigentliche Arbeitsaufwand ist sehr gering.

Inzwischen gibt es Hunderte von Brotsorten:

Brote aus allen Getreidesorten, die man sich nur vorstellen kann, weit über die hierzulande bekanntesten Brote aus Weizen-, Roggen-, Dinkel- und Mischungen dieser Mehle hinaus; Brote, die auf die unterschiedlichsten Weisen gebacken werden, etwa freigeschobenes (einzeln auf dem Blech liegendes) oder angeschobenes (dicht an dicht auf das Blech gelegtes, aneinanderstoßendes) Brot, Kastenbrote aus der Backform, Dampfkammerbrote, die im Dampf mehr gegart als gebacken werden, Knäckebrot, das mehr getrocknet als gebacken wird, um nur einige Varianten zu nennen.

Und somit gibt es Brote von unterschiedlichstem Aussehen, vom hellen luftigen Stangenweißbrot und Toastbrot bis zum dunklen kernigen Vollkornbrot, nicht zu vergessen die unzähligen Sorten von Brötchen und Brot-Kleingebäck. Der Phantasie sind beim Brotbacken keine Grenzen gesetzt. Und sicher werden Sie noch manche zusätzliche Variante erfinden.

# Materialkunde

Zunächst wollen wir uns mit den Zutaten, die beim Brot-backen verwendet werden, beschäftigen und sehen, aus was man alles Brot backen kann.

## Mehle

Das wichtigste beim Brot ist natürlich das Mehl. In Deutschland wird wohl am häufigsten Weizenmehl verwendet, aber in letzter Zeit holten hier Roggen- und Dinkelmehl ge-waltig auf.

Am einfachsten sind beim Einkauf die verschiedenen Mehl-sorten an ihrer Typenbezeichnung zu unterscheiden, etwa Type 405, Type 1050 etc. Diese Bezeichnung bezieht sich auf den sogenannten Aschegehalt des Mehls: Wenn Mehl bei 900 °C verbrannt wird, bleiben die darin enthaltenen Mineral-stoffe als Asche zurück. Die Menge dieser Rückstände ist die Typenbezeichnung. Demnach beträgt der Mineralstoffgehalt bei Weizenmehl Type 405 etwa 405 mg auf 100 g Mehl, bei Mehl der Type 1050 sind es etwa 1050 mg Mineralstoffe auf 100 g Mehl. Da die Mineralstoffe im wesentlichen in den Randschichten des Getreidekorns sitzen, steigt die Typenzahl, je mehr von der Schale des Korns mitgemahlen wird. Feines Auszugsmehl, für das nur der innere Mehlkörper des Korns vermahlen wird hat die niedrigste Typenzahl.

Die Bezeichnung »Schrot« macht keine Aussage über die Höhe der mitvermahlenen Randschichten des Korns, sondern besagt lediglich, daß das Getreide sehr grob vermahlen ist und viele mehr oder weniger große Bruchstücke enthält. Schrot wird häufig zum Brotbacken (mit)verwendet, da es den Broten eine kernige Konsistenz verleiht.

Vollkornmehl und -schrot haben keine Typennummern. Sie werden nicht nur industriell hergestellt, sondern sind auch in Reformhäusern und Naturkostläden, meist frisch gemahlen, erhältlich. Leider sind diese Mehlsorten nicht so lange haltbar – nur etwa 2–3 Monate. Dagegen sind Mehle mit Typennummern, bei denen grundsätzlich der fetthaltige und damit der am schnellsten verderbliche Teil vor dem Mahlen entfernt wurde, etwa ein Jahr haltbar.

Zu den wertvollen Inhaltsstoffen des Mehls gehören vor allem die verdaulichen Kohlenhydrate, aber auch Eiweiße – aus denen sich beim Weizen der für die Backeigenschaften und die Konsistenz des fertigen Brotes so wichtige Kleber bildet – und in geringen Mengen Vitamine (v. a. der B-Gruppe), außerdem Mineralstoffe und viele Ballaststoffe. Je niedriger die Typenbezeichnung eines Mehls ist, desto geringer ist der Gehalt an den letztgenannten Inhaltsstoffen. Lediglich Vollkornmehl, bei dem der Keim mitvermahlen ist, liefert uns auch wertvolle pflanzliche Fette.

In der folgenden Auflistung werden Sie diejenigen Mehlarten und Typennummern finden, die zum Brotbacken von Bedeutung sind und die in den Rezepten dieses Buches zum Einsatz kommen.

Bitte beachten Sie: Mehle aus verschiedenen Getreidearten sowie die einzelnen Mehlsorten, die aus einer Getreideart hergestellt werden, unterscheiden sich nicht nur in Geschmack und Nährwert, sondern haben auch ganz unterschiedliche Backeigenschaften, weshalb man sie in den Rezepten nicht ohne weiteres gegeneinander austauschen kann.

## Weizenmehle

*Weizenmehl Type 405* – Sicher das am häufigsten verwendete Mehl, das jeder kennt. Es ist universell einsetzbar, sowohl alleine als auch gemischt mit anderen Mehlsorten. Der Gehalt an Eiweiß, Vitaminen, Mineralstoffen und Ballaststoffen ist eher gering, dafür sind die Backeigenschaften hervorragend.

*Weizenmehl Type 405 mit Keimen* – Mit einem Zusatz von Weizenkeimen, etwa 2 g auf 100 g Mehl. Dadurch ist der Nährstoffgehalt dieses Mehls etwas höher, die Backeigenschaften bleiben jedoch unverändert.

*Weizenmehl Type 405 für Spätzle* – Ein besonders quellfähiges Mehl, das auch für Brot gut geeignet ist.

*Weizen-Instantmehl Type 405* – Die Bezeichnung »Instant« steht für leichteres Anrühren. Dieses Mehl klebt, staubt und klumpt nicht und ist dadurch leichter und schneller zu verarbeiten. Sonst hat es die gleichen Backeigenschaften wie normales Mehl der Type 405, benötigt jedoch etwas mehr Wasser, da es mehr Flüssigkeit bindet.

*Weizenmehl Type 550* – Dieses Mehl eignet sich besonders gut für Hefeteig.

*Weizenmehl Type 1050* – Ein gutes, vergleichsweise dunkles Mehl für Mischbrote, mit etwas höherem Gehalt an Mineralstoffen. Zum Backen benötigt man etwa 10 Prozent mehr Flüssigkeit als für Mehl der Type 405.

*Weizenbackschrot Type 1700* – Außer dem fetthaltigen und leicht verderblichen Keim werden für dieses Mehl alle Bestandteile des Korns vermahlen.

*Weizenvollkornmehl* – Hervorragend zum Beimischen. Wenn Vollkornmehl allein verwendet wird, benötigt man gut 15 Prozent mehr Flüssigkeit als für Mehl der Type 405. Hoher Nährstoffgehalt, da alle Inhaltsstoffe des ganzen Korns enthalten sind.

*Indisches Weizenvollkornmehl (»Ata«)* – Sehr aromatisch. Gut für Fladenbrote ohne Beimischung anderer Mehlsorten geeignet. Das Mehl hat eine etwas andere Konsistenz als deutsches Weizenvollkornmehl. Man bekommt es in Gewürzläden und in indischen oder pakistanischen Lebensmittelgeschäften.

### Roggenmehle

Der Mineralstoffanteil von Roggenmehl liegt grundsätzlich etwas höher als der von Weizen, so daß bei Roggen das Auszugsmehl eine Typenzahl von 610, bei Roggenbackschrot eine von 1800 hat.

*Roggenmehl Type 997* – Das hellste im Handel erhältliche Roggenmehl.

*Roggenmehl Type 1150* – Dunkles Roggenmehl, das hervorragend geeignet ist für herzhafte Roggen- und Mischbrote. Einige Hersteller empfehlen die Zugabe von Zitronensaft oder Buttermilch, was den Teig beim Backen besser aufgehen läßt. Dieses Mehl benötigt etwas mehr Triebmittel als Weizenmehl.

*Roggenbackschrot Type 1800* – Grob gemahlener Roggen, der wegen der mitvermahlenen Randschichten des Korns sehr ballaststoffreich ist.

*Roggenvollkornmehl* – Hoher Nährwert, da das gesamte Korn mit Keim vermahlen wird. Es ist gut geeignet als Mischmehl zusammen mit Backmehlen aller Art.

*Anmerkung:* Die meisten der gängigen Weizen- und Roggen-mehlsorten gibt es inzwischen in vielen Supermärkten auch aus kontrollierter Erzeugung, bei der das Getreide umweltscho-nend angebaut und auf Chemiedünger und chemische Pflan-zenschutzmittel weitgehend verzichtet wird. In ihren Back-eigenschaften entsprechen diese Mehle völlig den üblichen Mehlsorten.

### Andere Mehlsorten

*Buchweizenmehl* – Buchweizen ist keine Getreidepflanze, son-dern ein Knöterichgewächs. Das Mehl aus seinen korn-großen, dreikantigen Früchten eignet sich aber durch den angenehmen nussigen Geschmack und die Konsistenz sehr gut für Fladenbrote oder auch als Beimischung für Körner-brote. Erhältlich in Reformhäusern.

*Dinkelmehl Type 630* – Dinkel ist eine alte Weizensorte mit ker-nigem, aromatischem Geschmack. Es wird ebenso verarbei-tet wie Weizenmehl der Type 405.

*Dinkelvollkornmehl* – Dieses Mehl wird verarbeitet wie Weizen-vollkornmehl.

*Gerstenmehl* – Schmeckt angenehm malzig. Brote aus und mit Gerstenmehl werden besonders weich. Gibt es im Reform-haus oder Naturkostladen.

*Grünkernmehl* – Von herrlich aromatischem und nussi-gem Aroma. Für Grünkernmehl werden unreif geerntete – grüne – Dinkelkörner gemahlen. Bei einer Mischung von Weizenmehl der Type 1050 und Grünkernmehl braucht man eigentlich nur noch Treibmittel, Salz und Wasser, um ein geschmacklich hervorragendes Brot zu er-halten! Inzwischen führen dieses Mehl bereits einige gutsortierte Lebensmittelläden, ansonsten kaufen Sie es im Reformhaus.

*Hafermehl* – Verleiht Broten einen kernigen, herzhaften Geschmack. Aufgrund seines vergleichsweise hohen Fettgehaltes ein leicht verderbliches Mehl, so daß Sie es meist nur frisch gemahlen im Reformhaus oder Naturkostladen kaufen können.

*Hirsemehl* – Wird immer mit anderen Mehlsorten vermischt. Mit Hirsemehl gebacken Brote werden recht fest und feinporig und haben einen süßlich-nussigen Geschmack.

*Sojamehl* – Wird manchen Broten in kleinen Mengen zugesetzt, um ihnen zusätzliche Nährstoffe, eine schöne gelbliche Farbe und ein feines Aroma zu verleihen. Da Sojamehl kein strukturbildendes Klebereiweiß enthält, können nur geringe Mengen zugegeben werden.

In verschiedenen Ländern werden auch *Maismehl* und *Kichererbsenmehl* zum Brotbacken verwendet. Diese Mehle bekommen Sie am besten in den entsprechenden ausländischen Lebensmittel- oder Feinkostläden:

*Kichererbsenmehl (»Besan«)* – Geeignet zum Backen von Fladen. Wird besonders in der indischen Küche verwendet. Wenn man Kichererbsenmehl mit Flüssigkeit – Wasser, Bier oder Milch – anrührt, so erhält man einen sehr schönen Pfannkuchen- oder Ausbackteig, dem man keine Eier zugeben muß.

*Feines Maismehl* – Es ist gut geeignet für mexikanische und manche amerikanischen Brote, sowohl alleine als auch beigemischt.

*Grobes Maismehl* – Es kann als Beimischung zu feinem Maismehl für mexikanische Brote verwendet werden.

*Masa-Mehl (»Masa harina«)* – Diesem Maismehl wird ein Teil der Restfeuchtigkeit entzogen. Es ist das beste für Tortillas.

## Treibmittel

Ohne Treibmittel, die den Brotteig aufgehen lassen und lockern, gäbe es nur Fladenbrote, keine dieser herrlichen Laibe, die innen weich und luftig sind und außen wunderbar knusprig:

*Sauerteigansatz* – Ein durch Milchsäurebakterien gegorener Vorteig aus Mehl, Wasser und Hefe. Sauerteigansatz wird entweder alleine oder in Kombination mit Hefe als Backtriebmittel für reine Sauerteig- beziehungweise Sauerteigmischbrote verwendet. In Reformhäusern, Naturkostläden und gut sortierten Lebensmittelgeschäften kann man Sauerteigansatz fertig abgepackt kaufen und in dieser Form direkt zum Brotteig geben. Vor allem in Reformhäusern ist auch pulverförmiger Sauerteigextrakt erhältlich, dem ich in meinen Rezepten den Vorzug gegeben habe, da man dieses Pulver der Mehl- und Hefemenge entsprechend gut dosieren kann. Als Faustregel gilt für Roggen-Weizen-Mischbrote: 1 Päckchen (15 g) Sauerteigextrakt auf 1 kg Mehl.

*Backhefe* – Sie wird aus bestimmten obergärigen Bierhefen hergestellt und ist in Form von Hefewürfeln und als Trockenhefe erhältlich. Hefe lebt! Sie liebt Körpertemperatur und ein ruhiges, zugfreies Klima zum Gehen.

Beide Treibmittel, Sauerteig und Hefe, führen im Brotteig während der Ruhezeit zu einer Gärung, bei der sich Kohlendioxid und Alkohol entwickeln, die beim Backen das Brot locker machen. Während des Backprozesses gerinnt das im Teig enthaltene Eiweiß, die Stärke verkleistert und bildet damit ein stabiles Gerüst, so daß das Brot nicht mehr in sich zusammensinkt.

An dieser Stelle sei darauf hingewiesen, daß die Zeitangaben auf den Hefetütchen und auch in den Rezepten bei Fertigmischungen mit Hefe und Sauerteigextrakt sehr kurz bemessen sind. Wenn man ein wirklich lockeres Brot mit schöner Kruste haben will, so darf der Teig mindestens doppelt so lange gehen, wie angegeben – auch die vierfache Zeit schadet nicht, ganz im Gegenteil.

## Beimischungen

Brot ist um so gesünder, je höher die Typenzahl des Mehls ist. Mit einem hohen Anteil an Bestandteilen des ganzen Korns haben wir eine ballaststoffreiche Nahrung, die zum Schutz von Herz und Arterien ebenso beiträgt wie zur Verhütung von Darmkrebs. Hinzu kommt der Gehalt des Brotes an Vitaminen des B-Komplexes, die im Mehl und vor allem in der Backhefe enthalten und für Nerven, Arterien und Haut gut sind. Positiv auf die Gesundheit wirken auch die Milchsäure im Sauerteig sowie die im Brot enthaltenen Mineralien und Spurenelemente. Die gesundheitsfördernde Wirkung von Brot und Brötchen können wir durch geeignete Beimischungen noch steigern. Etwa mit Leinsamen, der die Verdauung fördert, oder mit Sonnenblumenkernen, die Vitamin E enthalten. Aber es gibt noch viele andere Möglichkeiten, den Broten Gewürze und andere

Zutaten beizumischen, welche der Gesundheit gut tun. –
Und – ohne die Zugabe dieser verschiedensten geschmacksgebenden Zutaten wären Brote lange nicht so abwechslungsreich und interessant, wie wir das schätzen.

Hier folgt eine kleine Auswahl der nahezu unbegrenzten Beigaben, mit denen Sie ihre Brote immer wieder neu und überraschend verändern können.

### Körner und Saaten

*Getreidekörner* – Beigemischt werden kann jede Getreidesorte. Abgesehen vom Hafer, ist es am günstigsten, ganze Getreidekörner, etwa Amaranth, Gerste, Grünkern, Quinoa, Roggen, Weizen zu kaufen. So sind sie länger haltbar und behalten ihr Aroma. Vor dem Backen empfiehlt es sich allerdings – wenn man die Körner nicht fein mahlen lassen will – sie in grob geschroteter Form über Nacht einzuweichen. Man kann sie auch zuerst als Ganzes einweichen und dann zerdrücken.

Auf Bauernmärkten, in Naturkostläden und Reformhäusern erhält man die verschiedenen Körner nach Sorten sortiert und als Getreidemischungen.

Noch ein paar Worte zu Amaranth und Quinoa: Diese aus Südamerika stammenden Pflanzen liefern, obwohl sie nicht zur Familie der Getreidepflanzen zählen, hirseähnliche Körner, die schon seit Urzeiten in ihren Heimatländern wie Getreide verwendet werden. Sie liefern wichtige Nährstoffe und können die verschiedensten Brotsorten geschmacklich bereichern.

*Kleie* – Die in vermahlenem Zustand flockenartigen Randschichten des Getreidekorns. Sie sind reine Ballaststoffe.

Kleie schützt vor Ablagerungen in den Blutgefäßen, vor Darmkrebs, Fettsucht und Diabetes.

*Mohn* – Mit seiner interessanten bläulichen Farbe besonders gut zum Aufstreuen geeignet.

*Leinsamen* – Eine verdauungsfördernde, ballaststoffreiche Beimischung, die ebensogut alleine wie zusammen mit anderen Kernen oder Körnern gebacken werden kann.

*Sesam* – Wird zum Einbacken in Körnerbrote, zum Aufstreuen auf Brötchen, Beigel und helle Brote verwendet.

### Nüsse und Kerne

Zum Einbacken und Aufstreuen sind alle Nüsse und Kerne geeignet. Dabei sind beispielsweise Walnüsse gut für Menschen mit hohem Cholesterinspiegel. Allerdings ist zu beachten, daß alle Sorten sehr kalorienreich sind. Besonders hinweisen möchte ich auf:

*Kürbiskerne* – Aromatisch, von angenehmer Konsistenz und ansprechender Farbe.

*Sonnenblumenkerne* – Sie enthalten viel Vitamin E und ungesättigte Fettsäuren.

### Gewürze und Kräuter

Man muß sich nicht auf ein bestimmtes Kräutlein oder Gewürz beschränken. Eine wohlabgestimmte Mischung, auch aus Wildkräutern, ist oft schmackhafter und gesünder.

*Basilikum* – Zum Einbacken ist getrocknetes Basilikum besser geeignet als frisches. Es schmeckt herrlich und ist durch seine entzündungshemmende Wirkung gut für den ganzen Verdauungstrakt, von der Mundhöhle angefangen.

*Beifuß* – Eigentlich ist dieses mit Wermut verwandte Kraut eher in Verbindung mit Weihnachtsgänsen bekannt. Aber auch in Brot eingebacken entfaltet es seine wohltuende Wirkung auf Leber und Galle.

*Fenchelsamen* – Aromatisch, beruhigt Magen und Darm

*Koriander* – Dieses Gewürz gibt dem Brot ein herrliches Aroma, das sich auch nach längerer Lagerung oder beim Einfrieren nicht verliert. Koriander hilft gegen Blähungen, Verstopfung und Magen-Darm-Krämpfe.

*Kreuzkümmel* – Schön aromatisch und der Verdauung zuträglich. In asiatischen Lebensmittelläden erhältlich.

*Kümmel* – Gut für Leber, Galle und Verdauung.

*Pfeffer* – Würzig, appetitanregend.

*Rosmarin* – Für den italienischen Touch.

*Salbei* – Entzündungshemmendes, die Verdauung förderndes und die Schweißbildung linderndes Kraut.

*Selleriesamen* – Schön aromatisch. Auch sie wirken positiv auf Magen und Darm.

### Würzzutaten

*Chili* – Für alle, die es scharf lieben. Ein paar getrocknete Chilischoten im Mörser zerstampfen und dem Teig zugeben. Ihr Gehalt an Vitamin C und B ist auf jeden Fall von Vorteil.

*Knoblauch* – Würzig, schmackhaft und gesund. Besonders geeignet für Brote aus dem Mittelmeerraum.

*Paprika* – Wird in Mexiko und Amerika gerne in Mais- oder Weizenbrote eingebacken – enthält viel Vitamin C und B.

*Zwiebeln* – Gewürfelt und angebraten eine ideale Zutat für Brote, die bald verzehrt werden.

### Sonstige Beimischungen

*Kartoffeln* – Machen den Teig zarter.

*Malz* – Wird aus gekeimter, gedarrter und dann vermahlener Gerste hergestellt. Verleiht Broten und Brötchen ein charakteristisches süßliches Röstaroma.

*Melasse* – Ein dunkler Sirup, der bei der Zuckerherstellung anfällt. Wird wegen seines charakteristischen Geschmacks und, weil er die Haltbarkeit verbessert, gerne bei kernigeren Brotrezepten anstelle von Honig oder Zucker verwendet.

*Schinken und Käse* – Gut zum Einbacken wie zum Überbacken.

## Küchenausstattung

Zum Brotbacken müssen Sie keine speziellen Gerätschaften anschaffen. Für die Teigbereitung benötigen Sie lediglich eine oder mehrere Rührschüsseln, einen Holzkochlöffel und/oder die Küchenmaschine mit Knethaken. Ihr Haushaltsbackofen ist durchaus zum Brotbacken geeignet. Meist ist Ober- und Unterhitze die passende Einstellung, Umluft kommt nur in einigen Fällen (beispielsweise bei italienischen Broten) zum Einsatz. Übrigens – viele der in diesem Buch vorgestellten Brote müssen gar nicht in den Backofen, sondern werden in der Pfanne gebacken oder sogar im Topf gegart.

## Backformen

Um die hier zusammengestellten Brotrezepte nachbacken zu können, sollten Sie folgende Backformen besitzen: zwei flache

Bleche, einige große und kleine Kastenformen, eventuell eine lange schmale Kastenform (für Pumpernickel), einige Brioche-förmchen, ein Muffinblech.

## Getreidemühle

Ganz sicher keine Bedingung für das Brotbacken, für fleißige Brotbäcker jedoch ist die Anschaffung einer leistungsstarken Getreidemühle eine Überlegung wert. Sie sparen sich damit das ständige Nachkaufen von frisch gemahlenen Vollkornmeh-len und können sich statt dessen einen Vorrat an verschiedenen Getreidesorten zulegen, die trocken und luftig gelagert, lange haltbar sind. Um aus der Vielfalt von Mühlen die richtige zu wählen, sollten Sie sich umfassend über das Angebot informie-ren. Immerhin müssen Sie sich entscheiden zwischen handbe-triebener oder elektrischer Mühle, Einzelgerät oder Aufsatz auf die Küchenmaschine und nicht zuletzt für das für Ihren Bedarf richtige Mahlwerk. Nicht jedes Mahlwerk kann beispielsweise Hafer und ölhaltige Samen mahlen.

## Brotmaschine

Falls Sie im Besitz eines solchen Gerätes und mit seinen Möglichkeiten zufrieden sind, brauchen Sie keine weiteren Gerätschaften zur Teigbereitung und zum Backen, da in die-ser Maschine der Teig sowohl angerührt als auch später ge-backen wird. Für weitere Informationen zum Backen mit der Brotmaschine sei auf das entsprechende Kapitel verwiesen (siehe Seite 94).

# Rezeptteil

# Brote
# mit Sauerteig

## Sauerteig-Grundansatz

*ca. 100 g Roggen- oder Weizenmehl*

*knapp $\frac{1}{4}$ l lauwarmes Wasser*

*nach Belieben ein wenig Buttermilch und
1 Prise gemahlener Kümmel*

Den Sauerteig am besten 4 Tage vor dem Brotbacken ansetzen. Alle Zutaten sollten dieselbe Temperatur haben und im Zimmer darf keine Zugluft herrschen.

Das Mehl mit soviel lauwarmem Wasser anrühren, daß ein sämiger Brei entsteht. Nach Belieben ein wenig Buttermilch einrühren und eventuell eine Prise gemahlenen Kümmel, um die Gärung zu beschleunigen. Die Schüssel zudecken und an einem warmen Platz (etwa auf dem Heizkörper) stehen lassen. Gelegentlich umrühren.

Am dritten Tag ist der Teig – so alles klappt – mit kleinen Bläschen gesprenkelt und riecht säuerlich. Nun noch ein wenig lauwarmes Wasser und soviel Mehl unterrühren, daß ein dickflüssiger Teig entsteht. Die Schüssel wieder zudecken und warm stellen. Am nächsten Tag kann der Sauerteig zum Brotbacken verwendet werden.

*Tip:* Bei gleichzeitiger Verwendung von Hefe benötigt man für ein Brot von 500 g Gewicht etwa 50 g Sauerteig, bei einem reinen Sauerteigbrot 100 g.

Sie können von diesem Grundansatz etwa 50 g in einem Schraubglas im Kühlschrank aufbewahren, wo er mehrere Monate haltbar ist, so daß Sie damit immer wieder neuen Sauerteig ansetzen können.

*Anmerkung:* Sollte Ihnen die Herstellung dieses Grundansatzes zu viel Aufwand sein, dann gibt es in Reformhäusern und gut sortierten Lebensmittelabteilungen Sauerteigextrakt in Pulverform. Dieser läßt sich sehr bequem verwenden, vor allem auch der Mehlmenge entsprechend portionieren, so daß ich ihn für die meisten der hier vorgestellten Sauerteigbrote verwendet habe.

# Einfaches Sauerteigmischbrot

| |
|---|
| *250 g Roggenmehl* |
| *250 g Weizenmehl* |
| *15 g Sauerteigextrakt (Reformhaus)* |
| *10 g Trockenhefe* |
| *1 TL Salz* |
| *350 ml lauwarmes Wasser* |
| *Mehl für das Blech* |
| *lauwarmes Wasser zum Bestreichen* |

Beide Mehlsorten, Sauerteigextrakt, Hefe und Salz gründlich vermischen. Mit dem Wasser zu einem elastischen Teig verkneten. Zugedeckt an einem warmen, zugfreien Ort mindestens 1 Stunde, besser 3 Stunden, stehen lassen, bis sich der Teig verdoppelt hat.

Danach den Teig nochmals kurz durchkneten, einen ovalen Laib formen und auf ein bemehltes Blech legen. Noch einmal für 15–20 Minuten gehen lassen.

Den Laib oben mehrmals schräg einritzen und im auf 220 °C vorgeheizten Backofen über Dampf 10 Minuten backen, dann für weitere 50 Minuten die Temperatur auf 180 °C reduzieren. Etwa 15 Minuten vor Ende der Backzeit das Brot mit lauwarmem Wasser bestreichen.

# Weizenbrot

| |
|---|
| *100 g Sauerteig-Grundansatz (siehe Seite 24)* |
| *400 g Weizenmehl (am besten Type 405 mit Keimen oder für Spätzle)* |
| *$^1/_8$ l lauwarmes Wasser* |
| *1 gestr. TL Salz* |
| *Mehl zum Bestäuben* |
| *Öl und Mehl für das Blech* |
| *Wasser zum Bestreichen* |

Den Sauerteig mit Mehl, Wasser und Salz mischen und zu einem glatten Teig verkneten. Mit Mehl bestäuben und zugedeckt an einem warmen Platz 3 Stunden gehen lassen.

Einen Laib formen und auf einem leicht geölten und bemehlten Backblech nochmals 15–20 Minuten gehen lassen, mit Wasser einpinseln.

Das Brot im vorgeheizten Backofen über Dampf bei 190 °C etwa 50 Minuten backen.

# Roggenbrot

| |
|---|
| *100 g Sauerteig-Grundansatz (siehe Seite 24)* |
| *400 g Roggenmehl* |
| *$^1/_8$ l lauwarmes Wasser* |
| *1 gestr. TL Salz* |
| *Mehl zum Bestäuben* |
| *Öl und Mehl für das Blech* |
| *Wasser zum Bestreichen* |

Den Sauerteig mit Mehl, Wasser und Salz mischen und zu einem glatten Teig verkneten. Mit Mehl bestäuben und zugedeckt an einem warmen Platz 3 Stunden gehen lassen.

Einen Laib formen, auf einem leicht geölten und bemehlten Backblech nochmals nochmals 15–20 Minuten gehen lassen und mit Wasser einpinseln.

Das Brot im vorgeheizten Backofen bei 190 °C über Dampf etwa 50 Minuten backen.

# Haferbrot

| |
|---|
| *100 g Sauerteig-Grundansatz (siehe Seite 24)* |
| *200 g Weizenmehl* |
| *100 g Hafermehl (Reformhaus)* |
| *150 g grobe Haferflocken* |
| *$^1/_8$ l lauwarmes Wasser* |
| *1 gestr. TL Salz* |
| *Mehl zum Bestäuben* |
| *Öl und Mehl für das Blech* |
| *Wasser zum Bestreichen* |

100 g Haferflocken in einer Pfanne ohne Fett hellgelb rösten, abkühlen lassen.

Den Sauerteig mit beiden Mehlsorten, Wasser und Salz mischen und zu einem glatten Teig verkneten. Mit Mehl bestäuben und zugedeckt an einem warmen Platz 3 Stunden gehen lassen.

Die gerösteten Haferflocken einarbeiten. Den Teig zu einem Laib formen und auf einem leicht geölten und bemehlten Backblech nochmals 15–20 Minuten gehen lassen.

Mit Wasser einpinseln, mit den restlichen Haferflocken bestreuen und diese leicht andrücken.

Das Brot im vorgeheizten Backofen bei 190 °C über Dampf etwa 50 Minuten backen.

# Dinkelbrot

| |
|---|
| *100 g Dinkelschrot · 400 g Dinkelmehl* |
| *100 g Weizenmehl* |
| *1 Päckchen Trockenhefe* |
| *entsprechende Menge Sauerteigextrakt (Reformhaus)* |
| *1 gestr. EL Salz* |
| *lauwarmes Wasser nach Bedarf* |
| *Öl und Mehl für das Blech* |
| *Wasser zum Bestreichen* |

Den Schrot leicht anrösten, dann in kochendes Wasser schütten, einmal aufkochen, von der Herdplatte nehmen und quellen lassen. Überschüssiges Wasser abgießen und den Schrot kalt abschrecken.

Mehl, Sauerteigextrakt und Hefe mischen, mit lauwarmem Wasser zu einem glatten geschmeidigen Teig kneten, der nicht kleben darf. Zugedeckt an einem warmen Ort 2–4 Stunden gehen lassen.

Drei Viertel des Schrotes und Salz einkneten, nochmals 1 Stunde gehen lassen.

Den Teig erneut kräftig durchkneten, auf einem leicht geölten und bemehlten Backblech einen Laib formen, zudecken und weitere 1–2 Stunden gehen lassen.

Mit Wasser einpinseln, restlichen Schrot aufstreuen und leicht andrücken.

Das Brot im vorgeheizten Backofen über Dampf bei 200 °C etwa 1 Stunde backen.

# Roggenmischbrot

| |
|---|
| *100 g Roggenbackschrot Type 1800* |
| *500 g Roggenmehl · 150 g Weizenvollkornmehl* |
| *1 $^1/_2$ Päckchen Trockenhefe* |
| *entsprechende Menge Sauerteigextrakt (Reformhaus)* |
| *1 gestr. EL Salz* |
| *lauwarmes Wasser nach Bedarf* |
| *Öl und Mehl für das Blech* |
| *Wasser zum Bestreichen* |

Den Schrot leicht anrösten, dann in kochendes Wasser schütten, einmal aufkochen, von der Herdplatte nehmen und quellen lassen. Überschüssiges Wasser abgießen und den Schrot kalt abschrecken

Mehl, Sauerteigextrakt und Hefe mischen, mit lauwarmem Wasser zu einem glatten geschmeidigen Teig kneten, der nicht kleben darf. Zugedeckt an einem warmen Ort 2–4 Stunden gehen lassen.

Drei Viertel des Schrotes und Salz einkneten, nochmals 1 Stunde gehen lassen.

Den Teig erneut kräftig durchkneten, auf einem leicht geölten und bemehlten Backblech einen Laib formen, zudecken und weitere 1–2 Stunden gehen lassen.

Mit Wasser einpinseln, restlichen Schrot aufstreuen und leicht andrücken.

Das Brot im vorgeheizten Backofen über Dampf bei 200 °C etwa 1 Stunde backen.

# Weizenvollkornbrot

| |
|---|
| *350 g Weizenvollkornmehl* |
| *150 g Weizenmehl Type 405 mit Kleie* |
| *1 Päckchen Trockenhefe* |
| *entsprechende Menge Sauerteigextrakt (Reformhaus)* |
| *1 gestr. EL Salz* |
| *lauwarmes Wasser nach Bedarf* |
| *Öl und Mehl für das Blech* |
| *Wasser zum Bestreichen* |
| *Mehl zum Bestäuben* |

Beide Mehlsorten, Sauerteigextrakt, Salz und Hefe mischen und mit lauwarmem Wasser zu einem glatten geschmeidigen Teig kneten, der nicht kleben darf. Zugedeckt an einem warmen Ort 2–4 Stunden gehen lassen.

Den Teig erneut kräftig durchkneten, auf einem leicht geölten und bemehlten Backblech einen Laib formen, zudecken und weitere 1–2 Stunden gehen lassen.

Mit Wasser einpinseln und mit etwas Mehl bestäuben und das Brot im vorgeheizten Backofen über Dampf bei 200 °C etwa 1 Stunde backen.

# Roggenvollkornbrot

| |
|---|
| *350 g Roggenvollkornmehl* |
| *150 g Roggenmehl Type 1150* |
| *1 Päckchen Trockenhefe* |
| *entsprechende Menge Sauerteigextrakt (Reformhaus)* |
| *1 gestr. EL Salz* |
| *lauwarmes Wasser nach Bedarf* |
| *Öl und Mehl für das Blech* |
| *Wasser zum Bestreichen* |
| *Mehl zum Bestäuben* |

Beide Mehlsorten, Sauerteigextrakt, Salz und Hefe mischen und mit lauwarmem Wasser zu einem glatten geschmeidigen Teig kneten, der nicht kleben darf. Zugedeckt an einem warmen Ort 2–4 Stunden gehen lassen.

Den Teig erneut kräftig durchkneten, auf einem leicht geölten und bemehlten Backblech einen Laib formen, zudecken und weitere 1–2 Stunden gehen lassen.

Mit Wasser einpinseln und mit etwas Mehl bestäuben und das Brot im vorgeheizten Backofen über Dampf bei 200 °C etwa 1 Stunde backen.

# Grünkernbrot

| |
| --- |
| *150 g grober Grünkernschrot* |
| *350 g Weizenmehl · 350 g Grünkernmehl* |
| *1 Päckchen Trockenhefe* |
| *entsprechende Menge Sauerteigextrakt (Reformhaus)* |
| *1 EL Ahornsirup · 1 gestr. EL Salz* |
| *lauwarmes Wasser nach Bedarf* |
| *Öl und Mehl für das Blech* |
| *Wasser zum Bestreichen* |
| *Mehl zum Bestäuben* |

Den Grünkernschrot in einer trockenen Pfanne leicht anrösten. Dann in kochendes Wasser schütten, einmal aufkochen, von der Herdplatte nehmen und quellen lassen. Überschüssiges Wasser abgießen und den Schrot kalt abschrecken.

Weizen- und Grünkernmehl, Hefe, Sauerteigextrakt und Ahornsirup mischen. Mit lauwarmem Wasser zu einem glatten geschmeidigen Teig kneten, der nicht kleben darf. Zugedeckt an einem warmen Ort 2–4 Stunden gehen lassen.

Grünkernschrot und Salz einkneten, nochmals 1 Stunde gehen lassen.

Den Teig erneut kräftig durchkneten, auf einem leicht geölten und bemehlten Backblech einen Laib formen, zudecken und weitere 1–2 Stunden gehen lassen.

Mit Wasser einpinseln und mit etwas Mehl bestäuben. Das Brot im vorgeheizten Backofen über Dampf bei 200 °C etwa 1 Stunde backen.

# Sonnenblumenkernbrot

| |
|---|
| *1 Rezept Sauerteig-Grundansatz (siehe Seite 24)* |
| *200 g Weizenmehl Type 405* |
| *200 g Weizenvollkornmehl* |
| *200 g Roggenvollkornmehl* |
| *Wasser nach Bedarf* |
| *1 TL Salz* |
| *150 g Sonnenblumenkerne, davon $^2/_3$ grob gehackt* |
| *Öl und Mehl für das Blech* |
| *Sonnenblumenkerne zum Bestreuen* |

Den Sauerteig mit allen Mehlsorten, Wasser und Salz zu einem geschmeidigen Teig verkneten, zudecken und 2 Stunden gehen lassen.

Sonnenblumenkerne einarbeiten. Falls der Teig zu flüssig ist, noch etwas Mehl einkneten.

Auf einem leicht gefetteten und bemehlten Backblech einen runden Laib formen, mit Sonnenblumenkernen bestreuen. Den Backofen auf 200 °C vorheizen und das Brot 1 Stunde über Dampf backen.

# Dreikornbrot

*je 60 g grober Schrot von 3 verschiedenen Getreidearten*
*(z. B. Weizen, Dinkel, Grünkern, Hafer, Roggen, Gerste,*
*Hirse, Buchweizen, Quinoa, Amaranth)*

*350 g Roggenmehl · 350 g Roggenbackschrot Type 1800*

*1 Päckchen Trockenhefe*

*entsprechende Menge Sauerteigextrakt (Reformhaus)*

*1 EL Melasse (Reformhaus) · 50 g Leinsamen*

*1 gestr. EL Salz · lauwarmes Wasser nach Bedarf*

*Öl und Mehl für das Blech · Wasser zum Bestreichen*

Die Getreideschrotmischung in einer trockenen Pfanne leicht anrösten. Dann in kochendes Wasser schütten, einmal aufkochen, von der Herdplatte nehmen und quellen lassen. Überschüssiges Wasser abgießen und den Schrot kalt abschrecken.

Roggenmehl und -schrot, Hefe, Sauerteigextrakt und Melasse mischen. Mit lauwarmem Wasser zu einem glatten geschmeidigen Teig kneten, der nicht kleben darf. Zugedeckt an einem warmen Ort 2–4 Stunden gehen lassen.

Den Getreideschrot, die Hälfte der Leinsamen und Salz einkneten, 1 Stunde gehen lassen. Den Teig erneut kräftig durchkneten, auf einem leicht geölten und bemehlten Backblech zum Laib formen, zudecken, weitere 1–2 Stunden gehen lassen.

Mit Wasser einpinseln, die restlichen Leinsamen aufstreuen und leicht andrücken. Das Brot im vorgeheizten Backofen über Dampf bei 200 °C etwa 1 Stunde backen.

# Fünfkornbrot

| |
|---|
| *je 50 g grober Schrot von 5 verschiedenen Getreidearten (z. B. Weizen, Dinkel, Grünkern, Hafer, Roggen, Gerste, Hirse, Buchweizen, Quinoa, Amaranth)* |
| *350 g Roggenmehl · 350 g Roggenbackschrot Type 1800* |
| *1 Päckchen Trockenhefe* |
| *entsprechende Menge Sauerteigextrakt (Reformhaus)* |
| *1 EL Ahornsirup · 1 gestr. EL Salz* |
| *lauwarmes Wasser nach Bedarf* |
| *Öl und Mehl für das Blech · Wasser zum Bestreichen* |
| *50 g Sesamsamen zum Bestreuen* |

Die Getreideschrotmischung in einer trockenen Pfanne leicht anrösten. Dann in kochendes Wasser schütten, einmal aufkochen, von der Herdplatte nehmen und quellen lassen. Überschüssiges Wasser abgießen und den Schrot kalt abschrecken.

Roggenmehl und -schrot, Hefe, Sauerteigextrakt und Ahornsirup mischen. Mit lauwarmem Wasser zu einem glatten geschmeidigen Teig kneten, der nicht kleben darf. Zugedeckt an einem warmen Ort 2–4 Stunden gehen lassen.

Den Getreideschrot und Salz einkneten, 1 Stunde gehen lassen. Den Teig erneut kräftig durchkneten, auf einem leicht geölten und bemehlten Backblech zum Laib formen, zudecken und weitere 1–2 Stunden gehen lassen.

Das Brot mit Wasser einpinseln, Sesam aufstreuen, im vorgeheizten Backofen über Dampf bei 200 °C etwa 1 Stunde backen.

# Kürbiskernbrot

| |
|---|
| *100 g Sonnenblumenkerne* |
| *350 g Weizenmehl* |
| *150 g Roggenmehl* |
| *1 Päckchen Trockenhefe* |
| *entsprechende Menge Sauerteigextrakt (Reformhaus)* |
| *1 EL Melasse (Reformhaus)* |
| *1 gestr. EL Salz* |
| *lauwarmes Wasser nach Bedarf* |
| *Öl und Mehl für das Blech* |
| *Wasser zum Bestreichen* |

Die Sonnenblumenkerne grob hacken.

Beide Mehlsorten, Hefe, Sauerteigextrakt, Melasse und Salz mischen. Mit lauwarmem Wasser zu einem glatten geschmeidigen Teig kneten, der nicht kleben darf. Zugedeckt an einem warmen Ort 2–4 Stunden gehen lassen.

75 g Sonnenblumenkerne einarbeiten. Den Teig erneut kräftig durchkneten, auf einem leicht geölten und bemehlten Backblech einen Laib formen, zudecken und weitere 1–2 Stunden gehen lassen.

Mit Wasser einpinseln, restliche Sonnenblumenkerne aufstreuen und leicht andrücken. Das Brot im vorgeheizten Backofen über Dampf bei 200 °C etwa 1 Stunde backen.

# Sesambrot

| |
|---|
| *350 g Weizenmehl Type 405 mit Kleie* |
| *150 g Weizenvollkornmehl* |
| *1 Päckchen Trockenhefe* |
| *entsprechende Menge Sauerteigextrakt (Reformhaus)* |
| *1 EL Ahornsirup* |
| *100 g Sesamsamen* |
| *1 gestr. EL Salz* |
| *lauwarmes Wasser nach Bedarf* |
| *Öl und Mehl für das Blech* |
| *Wasser zum Bestreichen* |

Beide Mehlsorten, Hefe, Sauerteigextrakt und Ahornsirup mischen. Mit lauwarmem Wasser zu einem glatten geschmeidigen Teig kneten, der nicht kleben darf. Zugedeckt an einem warmen Ort 2–4 Stunden gehen lassen.

Drei Viertel der Sesamsamen und Salz einkneten, nochmals 1 Stunde gehen lassen.

Den Teig erneut kräftig durchkneten, auf einem leicht geölten und bemehlten Backblech einen Laib formen, zudecken und weitere 1–2 Stunden gehen lassen.

Mit Wasser einpinseln, restliche Sesamsamen aufstreuen und leicht andrücken. Das Brot im vorgeheizten Backofen über Dampf bei 200 °C etwa 1 Stunde backen.

# Korianderbrot

| |
|---|
| 150 g Weizenvollkornmehl |
| 350 g Weizenmehl Type 405 |
| 10 g Trockenhefe |
| 15 g Sauerteigextrakt (Reformhaus) |
| 1 EL ganze Koriandersamen |
| 1–2 g (1 geh. TL) gemahlener Koriander |
| 1 TL Salz |
| 350 ml Wasser |
| Öl und Mehl für das Blech |

Beide Mehlsorten, Hefe, Sauerteigextrakt, Gewürze und Salz gut mischen, in die Schüssel der Küchenmaschine (mit Knethaken) füllen, das Wasser zugeben und zu einem elastischen Teig verkneten. Zugedeckt stehen lassen, bis sich das Teigvolumen verdoppelt hat – mindestens 2, besser 3 Stunden.

Nochmals kurz durchkneten. Auf einem leicht eingefetteten und bemehlten Backblech einen länglichen Laib formen.

Nochmals aufgehen lassen, dann oben einritzen. Das Brot über Dampf im vorgeheizten Backofen etwa 10 Minuten bei 220 °C und anschließend weitere 50 Minuten bei 180 °C backen.

# Brot mit grünem Pfeffer

| |
|---|
| *2 EL getrocknete grüne Pfefferkörner* |
| *250 g Roggenmehl* |
| *250 g Weizenmehl* |
| *1 Päckchen Trockenhefe* |
| *entsprechende Menge Sauerteigextrakt (Reformhaus)* |
| *1 gestr. EL Salz* |
| *lauwarmes Wasser nach Bedarf* |
| *Öl und Mehl für das Blech* |
| *Wasser zum Bestreichen* |

Die Pfefferkörner im Mörser zerdrücken oder grob hacken.
Beide Mehlsorten, Hefe, Sauerteigextrakt, Salz und Pfeffer mischen. Mit lauwarmem Wasser zu einem glatten geschmeidigen Teig kneten, der nicht kleben darf. Zugedeckt an einem warmen Ort 2–4 Stunden gehen lassen.

Den Teig erneut kräftig durchkneten, auf einem leicht geölten und bemehlten Backblech einen Laib formen, zudecken und weitere 1–2 Stunden gehen lassen.

Mit Wasser einpinseln und das Brot im vorgeheizten Backofen über Dampf bei 200 °C etwa 1 Stunde backen.

# Speckbrot

| |
|---|
| *50 g Räucherspeck* |
| *50 g Rauchfleisch* |
| *350 g Roggenmehl* |
| *150 g Roggenbackschrot Type 1800* |
| *1 Päckchen Trockenhefe* |
| *entsprechende Menge Sauerteigextrakt (Reformhaus)* |
| *1 EL Melasse (Reformhaus)* |
| *lauwarmes Wasser nach Bedarf* |
| *50 g Leinsamen* |
| *$^1/_2$ TL Salz* |
| *Öl und Mehl für das Blech* |
| *Wasser zum Bestreichen* |

Speck und Rauchfleisch fein würfeln, den Speck etwas auslassen, das Fett abgießen.

Roggenmehl und -schrot, Hefe, Sauerteigextrakt und Melasse mischen. Mit lauwarmem Wasser zu einem glatten geschmeidigen Teig kneten, der nicht kleben darf. Zugedeckt an einem warmen Ort 2–4 Stunden gehen lassen.

Speck, Rauchfleisch, Leinsamen und Salz einkneten, nochmals 1 Stunde gehen lassen.

Den Teig erneut kräftig durchkneten, auf einem leicht geölten und bemehlten Backblech einen Laib formen, zudecken und weitere 1–2 Stunden gehen lassen.

Mit Wasser einpinseln und das Brot im vorgeheizten Backofen über Dampf bei 200 °C etwa 1 Stunde backen.

# Schrotbrot

| |
|---|
| *1 Päckchen Trockenhefe* |
| *350 ml lauwarmes Wasser* |
| *100 g Weizenmehl Type 405* |
| *200 g feiner Weizenschrot* |
| *100 g feiner Haferschrot* |
| *100 g feiner Roggenschrot* |
| *50 g Sauerteig-Grundansatz (siehe Seite 24)* |
| *1 TL Salz* |
| *1 Prise gemahlener Koriander* |
| *Öl und Mehl für das Blech* |
| *Wasser zum Bestreichen* |
| *gehackte oder grob gemahlene Koriandersamen oder Haferflocken zum Bestreuen* |

Die Hefe in das Wasser einrühren und 10 Minuten stehen lassen. Mit allen weiteren Zutaten vermischen und zu einem glatten, festen Teig verkneten. Zugedeckt an einem warmen Platz 3 Stunden gehen lassen.

Nochmals kräftig durchkneten, einen runden Laib formen und diesen auf ein eingefettetes und bemehltes Backblech geben. Oben kreuzweise einschneiden, mit Wasser einpinseln und mit etwas Koriander oder Haferflocken bestreuen. Nochmals 30 Minuten gehen lassen.

Das Brot im vorgeheizten Backofen über Dampf bei 200 °C etwa 1 Stunde backen.

# Hefebrote

## Roggenhefebrot

| |
|---|
| *750 g Roggenmehl* |
| *250 g Roggenvollkornmehl* |
| *1 EL Salz* |
| *1 EL Melasse (Reformhaus)* |
| *2 Päckchen Trockenhefe* |
| *$^1/_2$ l lauwarmes Wasser* |
| *Öl und Mehl (oder Backpapier) für das Blech* |
| *Mehl zum Bestäuben* |

Mehl, Salz, Melasse und Hefe miteinander vermischen, mit dem Wasser zu einem glatten Teig verkneten. Mit einem feuchten Tuch abdecken und an einem warmen Ort 3–4 Stunden gehen lassen.

Nochmals kurz und kräftig kneten. Auf einem leicht eingeölten und bemehlten Backblech oder auf Backpapier einen Laib formen, mit Mehl bestreuen und nochmals etwa 15 Minuten gehen lassen.

Das Brot im vorgeheizten Backofen über Dampf bei 200 °C knapp 1 Stunde backen.

# Weizenmischbrot

| |
|---|
| *knapp ¹/₄ l lauwarmes Wasser* |
| *1 EL flüssiger Blütenhonig* |
| *1 ¹/₂ Päckchen Trockenhefe* |
| *500 g Weizenmehl Type 1050* |
| *150 g Dinkelvollkornmehl* |
| *150 g Roggenvollkornmehl* |
| *200 g Topfen* |
| *¹/₈ l lauwarme Buttermilch* |
| *1 gestr. EL Salz* |
| *Wasser zum Bestreichen* |
| *Öl und Mehl für das Blech* |

Wasser, Honig und Hefe verrühren, 10 Minuten stehen lassen, nach und nach mit den gut vermischten Mehlsorten vermengen. Topfen, Buttermilch und Salz dazugeben und zu einem glatten, geschmeidigen Teig verkneten. Zugedeckt an einem warmen Ort 2 Stunden gehen lassen.

Nochmals kurz und kräftig durchkneten, einen Laib formen. Oberfläche mit Wasser bepinseln und auf ein leicht eingefettetes und bemehltes Backblech geben. Nochmals 30 Minuten gehen lassen.

Das Brot im vorgeheizten Backofen über Dampf bei 200 °C gut 1 Stunde backen.

# Malzbrot

| |
|---|
| 75 g Gerstenkörner |
| 1 Päckchen Trockenhefe |
| 250 ml lauwarme Milch |
| 250 g Weizenmehl |
| 250 g Dinkelmehl |
| 1 TL feines Meersalz |
| 1 TL Sanddorn |
| 100 g weiche Butter |
| Öl und Mehl für das Blech |

Zunächst muß die Gerste zu Malz verarbeitet werden. Dazu die gewaschenen Gerstenkörner auf ein nasses Tuch in einem sauberen Behälter geben, diesen zudecken und das Ganze 12 Stunden nicht zu hell stehen lassen. Dann Tuch, Behälter und Gerste spülen, die Gerste 12 Stunden trocken ruhen lassen und dann den ganzen Vorgang wiederholen. Spätestens nach dem dritten Mal sollten sich an einem Ende der Körner winzige Triebspitzen zeigen.

Nach der letzten Trockenphase werden die Körner locker auf ein Backblech verteilt und bei 160 °C im Backofen zunächst getrocknet (dabei am besten die Backofentür einen Spalt offen lassen) und dann höchstens 30 Minuten bei geschlossener Tür gedarrt. Gut achtgeben, daß die Körner nicht zu dunkel werden, sonst schmecken sie bitter. Dann fein mahlen.

Nun für den Brotteig die Hefe mit der Milch verrühren und 10 Minuten stehen lassen. Mit allen weiteren Teigzutaten zu einem festen, glatten Teig verkneten, eventuell noch etwas Mehl hinzugeben. Zugedeckt an einem warmen Platz 2 Stunden gehen lassen.

Nochmals kurz durchkneten, einen länglichen Laib formen und auf ein eingefettetes und bemehltes Backblech geben. Weitere 30 Minuten gehen lassen.

Das Brot im vorgeheizten Backofen über Dampf bei 200 °C etwa 1 Stunde backen.

*Tip:* Wer keine Mühle hat, um sein Gerstenmalz selbst herzustellen, oder Zeit sparen will, kann 2–3 Esslöffel des sirupartigen Malzextrakts verwenden, den man in Reformhäusern kaufen kann: Den Sirup mit den anderen Zutaten in den Teig einkneten, eventuell etwas weniger Milch zugeben, damit der Teig nicht zu weich wird.

# Buchweizenbrot

| |
|---|
| *75 g Leinsamen* |
| *400 ml lauwarmes Wasser* |
| *1 $^1/_2$ Päckchen Trockenhefe* |
| *125 ml Buttermilch* |
| *1 TL feines Meersalz* |
| *500 g Buchweizenmehl* |
| *50 g weiße Sesamsamen* |
| *100 g Sojamehl* |
| *Öl und Mehl für die Form* |
| *Mehl zum Bestäuben* |

50 g Leinsamen in 300 ml lauwarmem Wasser 5 Stunden einweichen. Gegen Ende der Einweichzeit die Hefe in 100 ml lauwarmes Wasser einrühren und 10 Minuten stehen lassen.

Die eingeweichten Leinsamen mit Einweichwasser, die Hefelösung, Buttermilch, Salz, beide Mehlsorten und die Hälfte der Sesamsamen miteinander vermischen und zu einem glatten geschmeidigen Teig verkneten. Falls er zu flüssig bleibt, etwas Weizenmehl Type 405 einkneten. 2–3 Stunden zugedeckt an einem warmen Platz gehen lassen.

Den Teig in eine leicht eingefettete und bemehlte Kastenform geben, oben längs einschneiden, mit den restlichen Leinsamen und Sesamsamen bestreuen. Nochmals gut 30 Minuten gehen lassen.

Das Brot im vorgeheizten Backofen über Dampf bei 200 °C etwa 45 Minuten backen.

# Hefemischbrot

| |
|---|
| *250 g Roggenmehl* |
| *250 g Roggenvollkornmehl* |
| *250 g Weizenmehl* |
| *250 g Weizenvollkornmehl* |
| *2 Päckchen Trockenhefe* |
| *1 TL Salz* |
| *1 EL Melasse (Reformhaus)* |
| *$^1/_2$ l lauwarmes Wasser* |
| *Öl und Mehl (oder Backpapier) für das Blech* |
| *Mehl zum Bestäuben* |

Alle Mehlsorten, Hefe, Salz und Melasse gut miteinander vermischen, mit dem Wasser zu einem glatten Teig verkneten. Mit einem feuchten Tuch abdecken und an einem warmen Ort 3–4 Stunden gehen lassen.

Nochmals kurz und kräftig kneten. Auf einem leicht eingeölten und bemehlten Backblech oder auf Backpapier einen Laib formen, mit etwas Mehl bestäuben und nochmals etwa 15 Minuten gehen lassen.

Das Brot im vorgeheizten Backofen über Dampf bei 200 °C knapp 1 Stunde backen.

# Zwiebelbrot

| |
|---|
| *750 g Weizenvollkornmehl* |
| *250 g Roggenmehl* |
| *2 Päckchen Trockenhefe* |
| *$^1/_2$ l lauwarmes Wasser* |
| *150 g gehackte Zwiebeln* |
| *1 EL Öl* |
| *1 EL Salz* |
| *Öl und Mehl für das Blech* |
| *Mehl zum Bestäuben* |

Mehl und Hefe miteinander vermischen, mit dem Wasser zu einem glatten Teig verkneten, kurz gehen lassen.

Die Zwiebeln im Öl goldbraun braten, etwas abkühlen lassen. Öl abschütteln, Zwiebeln mit dem Salz vermischen und in den Teig einkneten. Mit einem feuchten Tuch abdecken und an einem warmen Ort 3–4 Stunden gehen lassen.

Auf einem leicht eingeölten und bemehlten Backblech oder auf Backpapier einen Laib formen, mit Mehl bestreuen und nochmals etwa 15 Minuten gehen lassen.

Das Brot im vorgeheizten Backofen über Dampf bei 200 °C knapp 1 Stunde backen.

# Knoblauchbrot

| |
|---|
| *750 g Weizenvollkornmehl* |
| *250 g Roggenmehl* |
| *2 Päckchen Trockenhefe* |
| *$^1/_2$ l lauwarmes Wasser* |
| *150 g gehackte Zwiebeln* |
| *1 EL Öl* |
| *3–4 große fein gehackte Knoblauchzehen* |
| *1 EL Salz* |
| *Öl und Mehl (oder Backpapier) für das Blech* |
| *Mehl zum Bestäuben* |

Mehl und Hefe miteinander vermischen, mit dem Wasser zu einem glatten Teig verkneten, kurz gehen lassen.

Zwiebeln im Öl goldbraun braten; wenn sie fast fertig sind, die Hälfte des Knoblauchs dazugeben und mitglasieren. Etwas abkühlen lassen, mit dem Salz und dem restlichen Knoblauch vermischen und in den Teig einkneten. Mit einem feuchten Tuch abdecken und an einem warmen Ort 3–4 Stunden gehen lassen.

Auf einem leicht eingeölten und bemehlten Backblech oder auf Backpapier einen Laib formen, mit Mehl bestreuen und nochmals etwa 15 Minuten gehen lassen.

Das Brot im vorgeheizten Backofen über Dampf bei 200 °C knapp 1 Stunde backen.

# Kümmelbrot

| |
|---|
| *1 Würfel Hefe (42 g)* |
| *375 ml lauwarmes Wasser* |
| *500 g Weizenvollkornmehl (am besten das feinst gemahlene indische »Ata«)* |
| *1 gestr. TL Salz* |
| *Kümmelsamen (Menge nach Geschmack)* |
| *Öl und Mehl für die Form* |
| *Kümmelsamen zum Bestreuen* |

Die Hefe in das lauwarme Wasser bröseln und 30 Minuten stehen lassen.

Mehl, Salz und Kümmel mischen und zunächst etwas davon in die Hefe einrühren, dann alles zu einem glatten Teig verkneten. 30 Minuten gehen lassen.

Nochmals kurz kneten. In eine eingefettete und bemehlte Kastenform geben. In der Mitte längs einschneiden, mit etwas Kümmel bestreuen.

In den kalten Backofen stellen und bei 60 °C gut 20 Minuten gehen lassen, dann 45 Minuten bei 200 °C backen.

# Kartoffelbrot

| |
|---|
| $^1/_4$ l warme Milch |
| 1 Würfel Hefe (42 g) |
| 1 kg Weizenmehl |
| 200 rohe Kartoffeln |
| 1 TL Salz |
| 1 Prise Zucker |
| Öl für die Form und zum Bestreichen |

3–4 Eßlöffel Milch in ein Schälchen geben und die Hefe darin auflösen. Mit etwas Mehl zu einem flüssigen Vorteig rühren und an einem warmen Platz zugedeckt 30 Minuten gehen lassen.

Die Kartoffeln fein reiben und auf einem Haarsieb gut abtropfen lassen. Den Rest der Milch bis kurz vor dem Kochen erhitzen und die Kartoffeln damit überbrühen. Mit Salz und Zucker würzen.

Den Vorteig mit dem restlichen Mehl verkneten, kurz gehen lassen, die Kartoffelmasse kräftig einkneten und an einem warmen Platz mit einen feuchten Tuch zugedeckt gut 2 Stunden gehen lassen.

Eine Kastenform ölen und den Teig einfüllen. Oberfläche mit etwas Öl bestreichen und nochmals 15 Minuten gehen lassen.

Das Brot im vorgeheizten Backofen bei 200 °C etwa 45 Minuten backen.

# Hefebrot mit Walnüssen

| |
|---|
| *150 g Walnüsse* |
| *300 g Weizenmehl Type 405 mit Kleie* |
| *200 g Roggenmehl* |
| *$^1/_2$ EL Rohrzucker* |
| *1 Päckchen Trockenhefe* |
| *1 TL Salz* |
| *$^1/_4$ l lauwarmes Wasser* |
| *100 g Joghurt (zimmerwarm)* |
| *Öl und Mehl für das Blech* |
| *Roggenmehl zum Bestäuben* |

Die Walnüsse sehr grob hacken und in einer trockenen Pfanne leicht anrösten.

Die abgekühlten Nüsse mit beiden Mehlsorten, Zucker, Hefe und Salz vermischen. Wasser dazugießen und kräftig kneten. Den Joghurt mit einkneten und den Teig zugedeckt an einem warmen Platz 2–3 Stunden gehen lassen, bis sich das Volumen verdoppelt hat.

Auf einem leicht eingeölten und bemehlten Backblech einen Laib formen, mit etwas Roggenmehl bestäuben und nochmals gut 15 Minuten gehen lassen.

Das Brot im vorgeheizten Backofen über Dampf bei 200 °C knapp 50 Minuten backen. Noch einige Minuten im ausgeschalteten Backofen ruhen lassen.

# Hefebrot mit Pinienkernen

| |
|---|
| *150 g Pinienkerne* |
| *300 g Weizenmehl Type 405 mit Kleie* |
| *200 g Roggenmehl* |
| *1 Prise Rohrzucker* |
| *1 Päckchen Trockenhefe* |
| *1 TL Salz* |
| *$^1/_4$ l lauwarmes Wasser* |
| *100 g Joghurt (zimmerwarm)* |
| *Öl und Mehl für das Blech* |
| *Roggenmehl zum Bestäuben* |

Die Pinienkerne sehr grob hacken und in einer trockenen Pfanne leicht anrösten.

Die abgekühlten Kerne mit beiden Mehlsorten, Zucker, Hefe und Salz vermischen. Wasser dazugießen und kräftig kneten. Den Joghurt mit einkneten und den Teig zugedeckt an einem warmen Platz 2–3 Stunden gehen lassen, bis sich das Volumen verdoppelt hat.

Auf einem leicht eingeölten und bemehlten Backblech einen Laib formen, mit etwas Roggenmehl bestäuben und nochmals gut 15 Minuten gehen lassen.

Das Brot im vorgeheizten Backofen über Dampf bei 200 °C knapp 50 Minuten backen. Noch einige Minuten im ausgeschalteten Backofen ruhen lassen.

# Süßes Hefebrot

| |
|---|
| *500 g Weizenmehl* |
| *100 g Zucker* |
| *1 Prise Salz* |
| *1 EL flüssiger Blütenhonig* |
| *1 Päckchen Trockenhefe* |
| *$^1/_4$ l lauwarmes Wasser* |
| *75 g Rosinen* |
| *Öl und Mehl (oder Backpapier) für das Blech* |
| *Milch zum Bestreichen* |

Mehl, Zucker, Salz, Honig und Hefe miteinander vermischen, mit dem Wasser zu einem glatten Teig verkneten. Mit einem feuchten Tuch abdecken und an einem warmen Ort 3–4 Stunden gehen lassen.

Nochmals kurz und kräftig kneten, dabei die Rosinen einarbeiten. Auf einem leicht eingeölten und bemehlten Backblech oder auf Backpapier einen Laib formen, mit Milch bestreichen und nochmals etwa 15 Minuten gehen lassen.

Das Brot im vorgeheizten Backofen über Dampf bei 200 °C knapp 1 Stunde backen.

# Hefebrot mit Schinken

| |
|---|
| *200 g roher Schinken* |
| *300 g Weizenmehl Type 405 mit Kleie* |
| *200 g Roggenmehl* |
| *1 Päckchen Trockenhefe* |
| *1 Prise Salz* |
| *$^1/_4$ l lauwarmes Wasser* |
| *100 g Joghurt (zimmerwarm)* |
| *Öl und Mehl für das Blech* |
| *Roggenmehl zum Bestäuben* |

Den Schinken grob würfeln und mit beiden Mehlsorten, Hefe und Salz vermischen. Wasser dazugießen und kräftig kneten. Den Joghurt mit einkneten und den Teig zugedeckt an einem warmen Platz 2–3 Stunden gehen lassen, bis sich das Volumen verdoppelt hat.

Auf einem leicht eingeölten und bemehlten Backblech einen Laib formen, mit etwas Roggenmehl bestäuben und nochmals gut 15 Minuten gehen lassen.

Das Brot im vorgeheizten Backofen über Dampf bei 200 °C knapp 50 Minuten backen. Noch einige Minuten im ausgeschalteten Backofen ruhen lassen.

# Grahambrot

| |
|---|
| 1 Würfel Hefe (42 g) |
| gut $^1/_4$ l lauwarmes Wasser |
| 1 Prise Zucker |
| 250 g Weizenvollkornmehl |
| 250 g feiner Weizenschrot |
| 1 TL feines Meersalz |
| Öl und Mehl für die Form |
| Wasser zum Bestreichen |

Die Hefe mit einer Gabel zerdrücken, mit Wasser, Zucker und 4–5 Eßlöffeln Mehl verrühren, zudecken und an einem warmen Ort 30 Minuten gehen lassen.

Restliches Mehl, Schrot und Salz gut vermischen und zu der Hefelösung geben. Von den Rändern her einarbeiten und kräftig kneten, bis ein fester Teig entstanden ist. Mit einem feuchten Tuch zudecken und mindestens 1 Stunde gehen lassen.

Nochmals kurz durchkneten, in eine gefettete und bemehlte Kastenform geben und wieder 1 Stunde gehen lassen.

Die Oberfläche mit Wasser bestreichen und das Brot im vorgeheizten Backofen über Dampf bei 225 °C knapp 1 Stunde backen.

# Käsestangen

| |
|---|
| 250 g Roggenmehl |
| 250 g Weizenmehl |
| 1 TL Salz |
| 1 EL Melasse (Reformhaus) |
| 1 Päckchen Trockenhefe |
| $^1/_2$ l lauwarmes Wasser |
| 200 g milder Käse, je zur Hälfte gewürfelt und gerieben |
| Öl und Mehl (oder Backpapier) für das Blech |

Mehl, Salz, Melasse und Hefe miteinander vermischen, mit dem Wasser zu einem glatten Teig verkneten. Mit einem feuchten Tuch abdecken und an einem warmen Ort 3–4 Stunden gehen lassen.

Nochmals kurz und kräftig kneten. Den Teig in sechs bis acht Portionen teilen, zu Stangen formen und dann flach drücken. Die Käsewürfel gleichmäßig auf die Teigstücke verteilen, einschlagen und Teig fest darum schließen. Auf einem leicht eingeölten und bemehlten Backblech oder auf Backpapier verteilen und nochmals etwa 15 Minuten gehen lassen.

Jede Stange oben der Länge nach einschneiden, mit dem geriebenen Käse bestreuen und im vorgeheizten Backofen über Dampf bei 200 °C knapp 30 Minuten backen.

# Schwarze Brotsorten

## Schwarzbrot

| |
|---|
| *500 g grober Roggenschrot* |
| *$^1/_2$ l kochendes Wasser* |
| *100 g dünnflüssiger Sauerteig-Grundansatz (siehe Seite 24)* |
| *1 Päckchen Trockenhefe* |
| *500 g Roggenvollkornmehl · 2 TL Salz* |
| *Öl und Roggenmehl und -schrot für die Form* |

Am Vorabend den Roggenschrot mit dem kochenden Wasser übergießen und auf Zimmerwärme abkühlen lassen. Den Sauerteig untermengen und über Nacht stehen lassen.

Am nächsten Tag die Hefe einmischen, 10 Minuten später das Vollkornmehl und das Salz dazugeben und kräftig kneten. Zugedeckt 2–3 Stunden gehen lassen, bis sich das Volumen verdoppelt hat.

Nochmals durchkneten. In eine eingefettete und mit Roggenmehl und -schrot ausgestreute Kastenform füllen und bei 180 °C mindestens 1 Stunde backen.

*Tip:* Um festzustellen, ob das Brot wirklich durchgebacken ist, stechen Sie es mit einem Holzspieß an, der beim Herausziehen trocken bleiben muß.

# Pumpernickel

| |
|---|
| *500 g Roggenmehl Type 1150* |
| *500 g feiner oder mittelgrober Roggenschrot* |
| *350 g Sauerteig-Grundansatz (siehe Seite 24)* |
| *100 g Rübenkraut (Zuckerrübensirup)* |
| *1 geh. EL Salz* |
| *ca. $^1/_2$ l Wasser oder Buttermilch* |

Alle Zutaten miteinander vermischen und gründlich kneten.
Den Teig zugedeckt 4 Stunden an einem warmen Platz gehen
lassen.

Nochmals durchkneten und entweder zu einer Wurst formen
und mit starker Alufolie umwickeln oder in eine lange schmale,
beschichtete Form füllen.

Bei 120 °C über Dampf 12–14 Stunden backen. Anschließend
den Pumpernickel im ausgeschalteten Backofen lassen, bis er
abgekühlt ist.

# Andere Brotsorten

## Stutenbrot

| |
|---|
| *2 Päckchen Trockenhefe* |
| *gut $^1/_4$ l lauwarme Milch* |
| *1 kg Weizenmehl* |
| *1 kg geriebene rohe Kartoffeln* |
| *1 Ei* |
| *1 $^1/_2$ TL Salz* |
| *Öl und Mehl für die Form* |

Die Hefe in die lauwarme Milch rühren, kurz gehen lassen. Alle anderen Zutaten hinzufügen und gründlich verkneten. 1–2 Stunden zugedeckt an einem warmen Ort gehen lassen.

Den Teig nochmals kurz durchkneten und in eine große leicht eingefettete und bemehlte Kastenform geben.

Das Brot im vorgeheizten Backofen über Dampf bei 200 °C etwa 1 Stunde backen.

# Knäckebrot

| |
|---|
| *250 g Weizenvollkornmehl* |
| *250 g Roggenmehl* |
| *1 TL Salz* |
| *$^1/_2$ TL Zucker* |
| *50 g Butter oder Margarine* |
| *$^1/_2$ l Milch* |
| *Mehl für die Arbeitsfläche* |
| *Öl und Mehl für das Blech* |
| *Weizenvollkornmehl und/oder Weizenschrot zum Bestäuben* |

Mehl, Salz und Zucker in eine Schüssel sieben und gut miteinander vermischen. Butter oder Margarine einarbeiten, mit der Milch gründlich zu einem festen Teig verkneten, der nicht mehr kleben darf. Zugedeckt 10 Minuten im Kühlschrank ruhen lassen.

Auf einem bemehlten Brett sehr dünn ausrollen (etwa 3 mm dick). Ein Backblech einölen und bemehlen. Den Teig in Rechtecke von etwa 5 x 10 cm schneiden und auf das Blech legen. Jedes Rechteck mehrmals mit einer Gabel einstechen. Dünn mit Vollkornmehl und/oder Weizenschrot bestreuen.

Bei 200 ° C im vorgeheizten Backofen 20–30 Minuten backen. Das Brot soll sehr trocken sein, aber nicht dunkel werden.

Zwischen Lagen von Küchenpapier abkühlen lassen und trocken lagern.

# Brotbackmischungen

Hier gibt es inzwischen Fertigmischungen für die verschiedensten Brotsorten, beispielsweise für Roggenvollkornbrot, Krustenbrot, Bauernlaib, Sauerteigbrot, Kutenholzer, Panino und viele andere mehr.

Da die eigentliche Teigmischung schon fertig zusammengestellt ist, entfällt das Abwiegen, Abmessen und Vorbereiten der Zutaten, so daß die Arbeit doch wesentlich erleichtert ist.

Der Zeitaufwand ist allerdings meist nicht viel geringer, denn zu allen Brotbackmischungen ist zu sagen, daß die Zeiten, die zum Gehenlassen vom Hersteller angesetzt sind, zu kurz sind. Man kann sie gut und gerne verdoppeln. Sollten Sie, vor allem bei den rustikaleren Sorten, mit Beimischungen experimentieren wollen, ist es besser, diese erst vor dem zweiten Gehenlassen unterzukneten.

Apropos Beimischungen: Hier ist alles erlaubt, was gefällt. Sie können die Brotteige mit Körnern – grob geschrotet oder im ganzen gequollen, mit Kräutern und Gewürzen, ja sogar mit getrockneten, in Öl eingelegten Tomaten, mit Röstzwiebeln, Knoblauch und Chilis verfeinern.

Und schließlich ist es auch bei diesen Broten angebracht, schon beim Anheizen eine Schale mit Wasser in den Backofen zu stellen, weil sich das Brot dann besser entwickelt.

# Europäische Fladenbrote

## Langos
### (Ungarisches Fladenbrot)

| |
|---|
| 250 g Weizenmehl |
| 1 TL Salz |
| $^1/_{16}$ l lauwarmes Wasser |
| 50 g Sauerteig-Grundansatz aus Weizenmehl (siehe Seite 24) |
| Mehl zum Bestäuben und für die Arbeitsfläche |
| Schweineschmalz zum Ausbacken |
| 2 EL Butter |
| 5 große Knoblauchzehen |

Mehl in eine Schüssel sieben, Salz und Wasser untermischen, mit dem Sauerteig 10 Minuten lang verkneten, mit etwas Mehl bestäuben und zugedeckt 5 Stunden lang gehen lassen.
Auf einer bemehlten Arbeitsplatte den Teig in etwa enteneigroße Portionen teilen, jedes Stück kurz durchkneten und zu einem sehr dünnen, ovalen Fladen ausrollen.
Ausreichend Schmalz erhitzen, so daß die Fladen darin schwimmend hell goldgelb ausgebacken werden können.
Butter schmelzen, den Knoblauch hineinpressen, und die einzelnen Fladen dünn damit bestreichen.

# Vintschgauer

| |
|---|
| *500 g Roggenmehl* |
| *500 g Weizenmehl* |
| *2 Päckchen Trockenhefe* |
| *gut $^1/_2$ l lauwarmes Wasser* |
| *1 geh. EL Salz* |
| *1 gestr. EL gemahlener Koriander* |
| *1 gestr. EL gemahlener Fenchel* |
| *Mehl für die Arbeitsfläche* |
| *Öl und Mehl für das Blech* |
| *Mehl zum Bestäuben* |

Beide Mehlsorten gut gemischt in eine Schüssel sieben. Hefe untermischen. Lauwarmes Wasser einarbeiten, bis der Teig nicht mehr klebt und schön elastisch ist. Gewürze mit einkneten. Zugedeckt an einem warmen Ort etwa 3 Stunden gehen lassen, bis sich das Teigvolumen verdoppelt hat.

Auf einer bemehlten Arbeitsfläche den Teig nochmals kurz durchkneten und in vier bis fünf Stücke für große Fladen oder in acht bis zehn Stücke für kleine Fladen teilen.

Jedes Stück wie einen Kloß zwischen den Händen rollen und flach drücken. Auf ein gefettetes, bemehltes Backblech setzen, mit etwas Mehl bestäuben und mit einer Gabel mehrmals einstechen. 5–10 Minuten gehen lassen.

Die Vintschgauer im vorgeheizten Backofen bei 200 °C gut 30 Minuten backen.

# Stockbrot

Dies ist sicherlich eine ganz alte Variante, Brot zu backen.

| |
|---|
| *500 g Weizenmehl* |
| *1 gestr. EL Salz* |
| *$^1/_4$ TL Sodabikarbonat oder Natron* |
| *1 TL Backpulver* |
| *ca. 100 ml Wasser* |
| *1 Ei · 10 g Zucker* |
| *25 g Joghurt* |
| *50 ml Milch* |
| *Kümmelsamen oder zerdrückter Kardamom* |
| *25 ml Sonnenblumenöl* |

Mehl, Salz, Sodabikarbonat oder Natron und Backpulver mischen und in eine Schüssel sieben. Wasser dazugießen, nach und nach vermischen und zum Teig kneten.

Das Ei mit Zucker, Joghurt und Milch schlagen und nach und nach zugeben. Zu einem festen, geschmeidigen Teig verkneten, der nicht mehr an den Fingern klebt. 10 Minuten mit einem feuchten Tuch bedeckt stehen lassen. Danach Gewürze und das Öl einkneten. Den Teig einstechen, wieder bedecken und für 2 Stunden beiseite stellen.

In beliebig viele Portionen aufteilen, dünne Würste formen und auf einen glatten, dünnen Stock wickeln (am besten wird dieser vorher leicht eingeölt). Über offenem Feuer oder auch einem Tischgrill drehen, bis das Brot gebacken ist.

# Brötchen

## Roggenbrötchen

| |
|---|
| 250 g Roggenvollkornmehl |
| 250 g Roggenmehl Type 610 |
| 1 $^1/_2$ Päckchen Trockenhefe |
| $^1/_4$ l lauwarmes Wasser |
| 1 EL Salz |
| Mehl für das Blech und zum Bestäuben |

Beide Mehlsorten und die Hefe gut vermischen. Mit dem Wasser nach und nach zu einem glatten Teig verkneten, das Salz gut einarbeiten. Mindestens 1 Stunde, besser 2 Stunden, zugedeckt an einem warmen Ort gehen lassen.

Ein Backblech mit Mehl bestreuen. Den Teig in 10–15 gleich große Stücke aufteilen. Längliche Brötchen formen und auf das Blech setzen. Nochmals 30 Minuten gehen lassen.

Längs einritzen und mit etwas Mehl bestreuen. Die Brötchen 15–20 Minuten im vorgeheizten Backofen bei 180 °C backen.

# Dinkelbrötchen

| |
|---|
| *3–4 EL grober Dinkelschrot* |
| *250 g Weizenmehl* |
| *250 g Dinkelmehl* |
| *1 $^1/_2$ Päckchen Trockenhefe* |
| *gut $^1/_4$ l lauwarmes Wasser* |
| *1 EL Salz* |
| *Mehl für das Blech und zum Bestäuben* |

Den Dinkelschrot in einer trockenen Pfanne etwas anrösten, dann über Wasserdampf quellen lassen, bis er weich ist und sich zwischen den Fingern zerdrücken läßt. Abkühlen lassen.

Beide Mehlsorten und die Hefe gut vermischen. Mit dem Wasser nach und nach zu einem glatten Teig verkneten, das Salz und die Hälfte des Schrots gut einarbeiten. Mindestens 1 Stunde, besser 2 Stunden, zugedeckt an einem warmen Ort gehen lassen.

Ein Backblech mit Mehl bestreuen. Den Teig in 10–15 gleich große Stücke aufteilen. Längliche Brötchen formen und auf das Blech setzen. Den restlichen Dinkelschrot aufstreuen, etwas festdrücken und nochmals 30 Minuten gehen lassen.

Die Brötchen längs einritzen und mit etwas Mehl bestreuen. Im vorgeheizten Backofen 15–20 Minuten bei 180 °C backen.

# Haferbrötchen

| |
|---|
| *100 g mittelfeine Haferflocken* |
| *250 g Weizenmehl Type 405 mit Kleie* |
| *250 g Hafermehl (Reformhaus)* |
| *1 $^1/_2$ Päckchen Trockenhefe* |
| *$^1/_4$ l lauwarmes Wasser* |
| *1 EL Salz* |
| *Mehl für das Blech und zum Bestäuben* |

Drei Viertel der Haferflocken in der Pfanne kurz anrösten.

Beide Mehlsorten und die Hefe gut vermischen. Mit dem Wasser nach und nach zu einem glatten Teig verkneten, Salz und geröstete Haferflocken gut einarbeiten. Mindestens 1 Stunde, besser 2 Stunden, zugedeckt an einem warmen Ort gehen lassen.

Ein Backblech mit Mehl bestreuen. Den Teig in 10–15 gleich große Stücke aufteilen. Runde Brötchen formen, auf das Blech setzen und restliche Haferflocken aufstreuen, etwas festdrücken. Nochmals 30 Minuten gehen lassen.

Die Brötchen längs einritzen und mit etwas Mehl bestreuen. Im vorgeheizten Backofen 15–20 Minuten bei 190 °C backen.

# Mehrkornbrötchen

| |
|---|
| *2 EL grober Weizenschrot* |
| *2 EL grober Dinkelschrot* |
| *1 EL Kürbiskerne* |
| *2 EL Sonnenblumenkerne* |
| *250 g Weizenmehl Type 405 mit Kleie* |
| *250 g Roggenmehl* |
| *1 $^1/_2$ Päckchen Trockenhefe* |
| *$^1/_4$ l lauwarmes Wasser · 1 EL Salz* |
| *Mehl für das Blech* |
| *2 EL Sesamsamen · Mehl zum Bestäuben* |

Weizen- und Dinkelschrot in einer trockenen Pfanne kurz anrösten und dann über Wasserdampf quellen lassen, bis er weich
ist und sich zwischen den Fingern zerdrücken läßt. Abkühlen
lassen. Kürbis- und Sonnenblumenkerne hacken und nur kurz
trocken rösten.

Beide Mehlsorten und die Hefe gut vermischen. Mit dem
Wasser nach und nach zu einem glatten Teig verkneten, Salz
und Schrot gut einarbeiten. Mindestens 1 Stunde, besser
2 Stunden, zugedeckt an einem warmen Ort gehen lassen.

Ein Backblech mit Mehl bestreuen. Den Teig in 10–15 gleich
große Stücke aufteilen. Runde Brötchen formen, auf das Blech
setzen, den Sesam aufstreuen und etwas festdrücken. Nochmals
30 Minuten gehen lassen.

Die Brötchen längs einritzen und 15–20 Minuten im vorgeheizten Backofen bei 190 °C backen.

# Schrotbrötchen

| |
|---|
| *250 g Dinkelschrot · 250 g Buchweizenschrot* |
| *250 g Roggenbackschrot Type 1800* |
| *$^1/_4$ l heißes Wasser* |
| *1 Würfel Hefe (42 g) · $^1/_8$ l lauwarme Magermilch* |
| *1 EL flüssiger Blütenhonig* |
| *250 g Weizenmehl Type 405 · 1 EL Salz* |
| *Öl und Mehl für das Blech* |
| *Wasser zum Bestreichen* |

Am Vortag alle drei Schrotsorten gut mischen und zwei Drittel davon im heißen Wasser einweichen. Über Nacht quellen lassen.

Am nächsten Morgen die Hefe mit der Milch und dem Honig auflösen, mit dem Mehl zu einem Vorteig vermischen und 15 Minuten zugedeckt an einem warmen Platz stehen lassen.

Jetzt alle Zutaten miteinander vermischen und kräftig kneten, bis ein elastischer Teig entstanden ist, der nicht mehr kleben darf. Eventuell etwas Mehl zugeben. 2 Stunden zugedeckt an einem warmen Ort gehen lassen.

Ein Backblech leicht einölen und mit Mehl bestreuen. Den Teig in 10–15 gleich große Stücke teilen, runde Brötchen formen, auf das Blech setzen. Nochmals gut 15 Minuten gehen lassen.

Die Brötchen mit Wasser bestreichen und oben kreuzweise einritzen. Im vorgeheizten Backofen bei 190 °C etwa 20 Minuten über Dampf backen.

# Quarkbrötchen

| |
|---|
| *1 Päckchen Trockenhefe* |
| *1 Prise Zucker* |
| *$^1/_4$ l lauwarme Milch* |
| *500 g Weizenmehl* |
| *200 g Topfen* |
| *1–2 EL Butter* |
| *1 Ei* |
| *1 Prise Salz* |
| *Öl und Mehl für das Blech* |
| *Mehl zum Bestäuben* |

Hefe und Zucker in die Milch rühren und 10 Minuten gehen lassen.

Das Mehl in eine Schüssel geben, in die Mitte eine Kuhle drücken, die Hefelösung hineingeben und mit etwas Mehl vom Rand einen flüssigen Vorteig anrühren. Zugedeckt an einem warmen Platz 30 Minuten gehen lassen.

Topfen, Butter, Ei und Salz untermengen und alles zu einem glatten Teig verkneten. 2 Stunden gehen lassen, bis sich das Teigvolumen verdoppelt hat.

Teig nochmals durchkneten, in 20 Portionen teilen und diese zu Kugeln formen. Kugeln auf ein gefettetes und bemehltes Blech setzen, mit Mehl bestreuen, weitere 10 Minuten gehen lassen.

Die Brötchen im vorgeheizten Backofen bei 200 °C über Dampf in etwa 25 Minuten hell goldgelb backen.

# Spitzwecken

| |
|---|
| 1 Päckchen Trockenhefe · 1 TL Zucker |
| $^1/_8$ l lauwarme Milch |
| 500 g Weizenmehl |
| 1 Ei · 50 g Butter |
| 1 Prise Salz |
| abgeriebene Schale $^1/_2$ Zitrone |
| 1 Prise gemahlene Nelken |
| Öl und Mehl für das Blech |
| 1 Eigelb und 1 EL Kaffeesahne zum Bestreichen |

Hefe und Zucker in die Milch rühren und 10 Minuten gehen lassen.

Das Mehl in eine Schüssel geben, in die Mitte eine Kuhle drücken, die Hefelösung hineingeben und mit etwas Mehl vom Rand einen flüssigen Vorteig anrühren. Zugedeckt an einem warmen Platz 30 Minuten gehen lassen.

Alle anderen Zutaten bis auf das Eigelb und die Kaffeesahne untermengen und alles zu einem glatten Teig verkneten. 2 Stunden gehen lassen, bis sich das Teigvolumen verdoppelt hat.

Den Teig nochmals durchkneten, in zwölf Portionen teilen und diese zu ovalen Rollen formen. Rollen auf ein gefettetes und bemehltes Blech setzen, ein paarmal schräg einschneiden. Eigelb mit der Kaffeesahne verquirlen, die Rollen damit bestreichen, weitere 10 Minuten gehen lassen.

Die Spitzwecken im vorgeheizten Backofen bei 200 °C über Dampf in etwa 25 Minuten goldgelb backen.

# Vollkornbrötchen

| |
|---|
| *500 g Vollkornmehl (Weizen, Roggen oder eine Mischung aus beiden Mehlsorten)* |
| *1 Päckchen Trockenhefe* |
| *entsprechende Menge Sauerteigextrakt (Reformhaus)* |
| *1 gestr. EL Salz* |
| *lauwarmes Wasser nach Bedarf* |
| *Öl und Mehl für das Blech* |
| *Wasser zum Bestreichen* |
| *Mehl zum Bestäuben* |

Mehl, Hefe, Sauerteigextrakt und Salz mischen, mit lauwarmem Wasser zu einem glatten geschmeidigen Teig kneten, der nicht kleben darf. Zugedeckt an einem warmen Ort 2–4 Stunden gehen lassen.

Den Teig erneut kräftig durchkneten, 15–20 Brötchen formen, diese auf einem leicht geölten und bemehlten Backblech verteilen, zudecken und weitere 1–2 Stunden gehen lassen.

Mit Wasser einpinseln und mit Mehl bestreuen. Die Brötchen im vorgeheizten Backofen über Dampf bei 200 °C etwa 30 Minuten backen.

# Kaiserbrötchen

| |
|---|
| *1 Päckchen Trockenhefe* |
| *1 Prise Zucker* |
| *$^1/_4$ l lauwarme Milch* |
| *500 g Weizenmehl* |
| *2 TL Salz* |
| *Öl und Mehl für das Blech* |
| *1 Eigelb, mit etwas Milch verquirlt, zum Bestreichen* |

Hefe mit Zucker in der Milch verrühren, 10 Minuten stehen lassen.

Das Mehl in eine Schüssel sieben, eine Mulde hineindrücken, die Hefelösung hineingießen und mit etwas Mehl vom Rand zu einem flüssigen Vorteig vermischen. Gut 30 Minuten zugedeckt gehen lassen.

Salz hinzugeben und alles zu einem glatten Teig verkneten. Mindestens 2 Stunden zugedeckt an einem warmen Platz gehen lassen.

Nochmals kurz durchkneten, in 12–15 Portionen teilen und diese zu Kugeln formen. Teigkugeln leicht flach drücken und auf einem eingefetteten und bemehlten Backblech verteilen. Noch 10–20 Minuten gehen lassen.

Die Brötchen sternförmig einschneiden, mit der Ei-Milch-Mischung bestreichen und über Dampf im vorgeheizten Backofen bei 200 °C in etwa 20 Minuten goldgelb backen.

# Maisbrötchen

| |
|---|
| *250 g feines Maismehl* |
| *250 g Weizenmehl* |
| *1 Prise Zucker* |
| *1 $^1/_2$ TL Salz* |
| *1 Päckchen Trockenhefe* |
| *$^1/_4$ l lauwarmes Wasser* |
| *Öl und Mehl für das Blech* |
| *Wasser zum Bestreichen* |

Beide Mehlsorten, Zucker, Salz und Hefe mischen, mit dem lauwarmen Wasser zu einem glatten geschmeidigen Teig kneten, der nicht kleben darf. Zugedeckt an einem warmen Ort über Nacht gehen lassen.

Den Teig erneut kräftig durchkneten, in 15 Portionen teilen, diese zu Brötchen formen und auf einem leicht geölten und bemehlten Backblech verteilen. Zugedeckt weitere 1–2 Stunden gehen lassen.

Die Brötchen mit Wasser einpinseln und im vorgeheizten Backofen über Dampf bei 200 °C etwa 30 Minuten backen.

# Chinesische Dampfbrötchen

| |
|---|
| 60 g Zucker |
| 170 ml lauwarmes Wasser |
| 1 EL Trockenhefe |
| 925 g Weizenmehl |
| 1 EL Backpulver |
| 2 EL Margarine |

Den Zucker im warmen Wasser auflösen und die Hefe hineinrühren. Etwa 10 Minuten an einem warmen, zugfreien Platz
gehen lassen.

Das Mehl mit dem Backpulver in eine Schüssel sieben. Die
weiche Margarine und die Hefelösung hinzugeben, den Teig
kräftig kneten, bis er glatt und elastisch ist. Sollte er zu trocken
und krümelig sein, noch ein wenig Wasser dazugeben, sollte er
feucht und klebrig bleiben, noch etwas Mehl hinzufügen. Teig
mit einem feuchten Handtuch abdecken und an einem warmen, zugfreien Platz etwa 2 Stunden gehen lassen, bis er das
dreifache Volumen erreicht hat.

Den Teig in etwa 30 Portionen teilen und diese zu Kugeln von
etwa 5 cm Durchmesser rollen. Nochmals 40 Minuten an
einem warmen, zugfreien Ort gehen lassen.

Die Brötchen in einem Einsatz über kochendem Wasser im geschlossenen Topf 5–10 Minuten dämpfen.

*Tip:* Wenn Sie gerne süße Brötchen essen, dann können Sie
diese Kugeln mit einer Paste aus roten Bohnen füllen (siehe
folgendes Rezept).

# Rote-Bohnen-Paste

| |
|---|
| *500 g rote Bohnen (Vorsicht: nicht mit Kidney- oder Wachtelbohnen verwechseln; diese hier sind viel kleiner und sehen aus wie rote Mungbohnen)* |
| *2 l Wasser* |
| *200 ml Erdnußöl* |
| *400 g Zucker* |

Die Bohnen 2 Stunden in kaltem Wasser einweichen, abschütten und mit 2 l Wasser zum Kochen bringen. Bei niedriger Temperatur etwa $1\frac{1}{2}$ Stunden kochen, bis die Bohnen aufplatzen.

Die Masse durch ein Sieb streichen und die Häute der Bohnen wegwerfen. Die Bohnenmasse in ein dichtes Tuch schütten und die überflüssige Feuchtigkeit herauspressen.

Jetzt die Paste mit Öl und Zucker in einen Wok oder eine Pfanne geben und unter ständigem Rühren den größten Teil der Restflüssigkeit verdunsten lassen.

*Anmerkung:* Für 1 Rezept Hefeteig für chinesische Dampfbrötchen benötigen Sie 300 g Rote-Bohnen-Paste: Sowohl den Teig als auch die Bohnenpaste in 30 Portionen teilen. Jede Portion Bohnenpaste fest mit einer Portion Teig umhüllen Die Brötchen zugedeckt an einem warmen Ort 40 Minuten gehen lassen. Anschließend 5–10 Minuten im geschlossenen Topf über kochendem Wasser dämpfen.

# Süße Brötchen

*nach Wahl: 225 g Rosinen oder Sultaninen,*
*225 g grob gehackte Mandeln oder Nüsse, 225 g Dörrobst,*
*alternativ 75 g von jeder Zutat,*
*ein Schuß Likör nach Geschmack*

*1 Päckchen Trockenhefe*

*$^1/_8$ l lauwarme Milch*

*500 g Weizenmehl*

*200 g Topfen · 50 g weiche Butter*

*75 g Zucker · 2 EL Vanillezucker*

*2 Eier · 1 Prise Salz*

*1 Prise Zimt*

*Mehl zum Bestäuben*

*geschmolzene Butter zum Bestreichen*

*Öl und Mehl für das Blech*

Rosinen oder Sultaninen und/oder Dörrobst im Likör quellen lassen. Die Hefe in die lauwarme Milch rühren und 10 Minuten gehen lassen.

Alle Zutaten kräftig miteinander verkneten und 2 Stunden zugedeckt an einem warmen Platz gehen lassen.

Nochmals kurz durchkneten und in zwölf Portionen aufteilen. Diese zu Kugeln formen, mit Mehl bestäuben und mit etwas geschmolzener Butter einpinseln.

Auf ein gefettetes und bemehltes Backblech geben und die Brötchen über Dampf im vorgeheizten Backofen bei 200 °C etwa 25 Minuten backen.

# Hörnchen

| |
|---|
| *1 Päckchen Trockenhefe* |
| *1 TL Zucker* |
| *200 ml lauwarmes Wasser* |
| *75 g weiche Butter* |
| *1 Ei* |
| *1 Prise Salz* |
| *500 g Weizenmehl Type 550* |
| *Mehl für die Arbeitsfläche* |
| *1 Eigelb, mit etwas Wasser verquirlt, zum Bestreichen* |
| *nach Wahl: grobes Meersalz, Kümmelsamen, Mohn, Sesamsamen oder Hagelzucker zum Bestreuen* |

Hefe und Zucker in das Wasser rühren, 10 Minuten stehen lassen. Butter, Ei, Salz, Mehl und Hefelösung zu einem glatten Teig verkneten, 2–3 Stunden zugedeckt an einem warmen, zugfreien Ort gehen lassen.

Nochmals kurz durchkneten und auf einer bemehlten Arbeitsfläche dünn ausrollen. Dreiecke ausschneiden und diese von der Längsseite her aufrollen. Die Hörnchen weitere 30 Minuten gehen lassen.

Mit dem verquirlten Eigelb bestreichen und nach Geschmack bestreuen. Die Hörnchen auf einem mit Backpapier belegten Blech verteilen. Über Dampf im vorgeheizten Backofen bei 180 °C in 15–20 Minuten hell goldbraun backen.

# Milchwecken

| |
|---|
| *25 g Hefe* |
| *1 TL Zucker* |
| *$^1/_4$ l lauwarme Milch* |
| *500 g Weizenmehl Type 405 mit Kleie* |
| *50 g weiche Butter oder lauwarmes Olivenöl* |
| *1 Prise Salz* |
| *Mehl für das Blech* |
| *Milch zum Bestreichen* |

Hefe und Zucker in der Milch auflösen, 10 Minuten an einem warmen, zugfreien Platz stehen lassen. Das Mehl in eine Schüssel geben, in die Mitte eine Delle drücken. Die Hefelösung hineingeben, mit etwas Mehl vom Rand einen flüssigen Vorteig anrühren, 10 Minuten zugedeckt gehen lassen.

Das restliche Mehl, Butter oder Öl und das Salz dazukneten und zu einem glatten, elastischen Teig verarbeiten. Ein Backblech mit Mehl bestreuen. Den Teig in 10–15 gleich große Stücke teilen, ovale Brötchen daraus formen und diese auf das Backblech setzen. Mit einem feuchten Tuch bedecken und mindestens 1 Stunde, besser 2 Stunden, an einem warmen Platz gehen lassen.

Längs einritzen und mit Milch bestreichen. Die Wecken im vorgeheizten Backofen über Dampf bei 200 °C in etwa 15 Minuten goldgelb backen.

# Wasserwecken

| |
|---|
| *25 g Hefe* |
| *¼ l lauwarmes Wasser* |
| *500 g Weizenmehl Type 405 mit Kleie* |
| *1 EL Salz* |
| *Mehl für das Blech* |
| *kaltes Wasser zum Bestreichen* |

Die Hefe im Wasser auflösen, 10 Minuten an einem warmen, zugfreien Platz stehen lassen. Das Mehl in eine Schüssel geben, in die Mitte eine Delle drücken. Die Hefelösung hineingeben, mit etwas Mehl vom Rand einen flüssigen Vorteig anrühren, 10 Minuten zugedeckt gehen lassen.

Das restliche Mehl und das Salz dazukneten und zu einem glatten, elastischen Teig verarbeiten. Ein Backblech mit Mehl bestreuen. Den Teig in 10–15 gleich große Stücke teilen, ovale Brötchen daraus formen und diese auf das Backblech setzen. Mit einem feuchten Tuch bedecken und mindestens 1 Stunde, besser 2 Stunden, an einem warmen Platz gehen lassen.

Längs einritzen und mit kaltem Wasser bestreichen. Die Wecken im vorgeheizten Backofen über Dampf bei 200 °C in etwa 15 Minuten goldgelb backen.

# Zwiebelbrötchen

| |
|---|
| *100 g gehackte Zwiebel* |
| *100 ml Öl* |
| *30 g Hefe* |
| *150 ml lauwarmes Wasser* |
| *375 g Weizenvollkornmehl* |
| *1 Prise Zucker* |
| *1 Ei · 1 TL Salz* |
| *Mehl für das Blech* |

Die Zwiebelwürfel in 1 Eßlöffel Öl goldbraun braten und wieder abkühlen lassen. Die Hefe in das Wasser bröseln und in etwa 10 Minuten auflösen lassen.

Das Mehl in eine Schüssel geben, in die Mitte eine Delle drücken. Die Hefelösung hineingeben, vom Rand her mit wenig Mehl zu einem flüssigen Vorteig verarbeiten. 15 Minuten zugedeckt an einem warmen Platz gehen lassen.

Den Vorteig nach und nach mit dem restlichen Mehl und dem Ei zu einem glatten Teig verkneten, Zucker, Salz, restliches Öl und Zwiebeln gut einarbeiten. Mindestens 1 Stunde, besser 2 Stunden, zugedeckt an einem warmen Ort gehen lassen.

Ein Backblech mit Mehl bestreuen. Den Teig in acht bis zehn gleich große Stücke aufteilen. Längliche Brötchen formen und auf das Blech setzen. Kreuzweise einritzen und nochmals 30 Minuten gehen lassen.

Die Brötchen im vorgeheizten Backofen bei 200 °C etwa 25 Minuten backen.

# Schinkenbrötchen

| |
| --- |
| *150 g milder roher Schinken* |
| *250 g Weizenmehl* |
| *250 g Weizenvollkornmehl* |
| *1 $^1/_2$ Päckchen Trockenhefe* |
| *$^1/_4$ l lauwarmes Wasser* |
| *$^1/_2$ TL Salz* |
| *Mehl für das Blech und zum Bestäuben* |

Die Hälfte des Schinkens leicht anbraten.

Beide Mehlsorten und die Hefe gut vermischen. Mit dem Wasser nach und nach zu einem glatten Teig verkneten. Salz und Schinken gut einarbeiten. Mindestens 1 Stunde, besser 2 Stunden, zugedeckt an einem warmen Ort gehen lassen.

Ein Backblech mit Mehl bestreuen. Den Teig in 10–15 gleich große Stücke aufteilen. Runde Brötchen formen, auf das Blech setzen und nochmals 30 Minuten gehen lassen.

Die Brötchen längs einritzen und mit etwas Mehl bestreuen. Im vorgeheizten Backofen 15–20 Minuten bei 190 °C backen.

# Walnußbrötchen

| |
|---|
| *150 g Walnüsse* |
| *500 g Weizenmehl Type 405 mit Kleie* |
| *1 1/2 Päckchen Trockenhefe* |
| *1/4 l lauwarmes Wasser* |
| *1 TL Salz* |
| *Mehl für das Blech und zum Bestäuben* |

Die Walnüsse grob hacken und 100 g davon in der trockenen Pfanne kurz anrösten.

Mehl und Hefe gut vermischen. Mit dem Wasser nach und nach zu einem glatten Teig verkneten. Salz und geröstete Nüsse gut einarbeiten. Mindestens 1 Stunde, besser 2 Stunden, zugedeckt an einem warmen Ort gehen lassen.

Ein Backblech mit Mehl bestreuen. Den Teig in 10–15 gleich große Stücke aufteilen. Zu runden Brötchen formen, auf das Blech setzen, restliche Nüsse aufstreuen und etwas festdrücken. Nochmals 30 Minuten gehen lassen.

Die Brötchen längs einritzen und mit etwas Mehl bestreuen. Im vorgeheizten Backofen 15–20 Minuten bei 190 °C backen.

# Haselnußbrötchen

| |
|---|
| *150 g Haselnüsse* |
| *500 g Weizenmehl Type 405 mit Kleie* |
| *1 $^1/_2$ Päckchen Trockenhefe* |
| *$^1/_4$ l lauwarmes Wasser* |
| *1 TL Salz* |
| *Mehl für das Blech und zum Bestäuben* |

Die Haselnüsse grob hacken und 100 g davon in der trockenen Pfanne kurz anrösten.

Mehl und Hefe gut vermischen. Mit dem Wasser nach und nach zu einem glatten Teig verkneten, Salz und geröstete Nüsse gut einarbeiten. Mindestens 1 Stunde, besser 2 Stunden, zugedeckt an einem warmen Ort gehen lassen.

Ein Backblech mit Mehl bestreuen. Den Teig in 10–15 gleich große Stücke aufteilen. Zu runden Brötchen formen, auf das Blech setzen, restliche Nüsse aufstreuen und etwas festdrücken. Nochmals 30 Minuten gehen lassen.

Die Brötchen längs einritzen und mit etwas Mehl bestreuen. Im vorgeheizten Backofen 15–20 Minuten bei 190 °C backen.

# Macadamiabrötchen

| |
|---|
| *150 g Macadamianüsse* |
| *500 g Weizenmehl Type 405 mit Kleie* |
| *1 ¹/₂ Päckchen Trockenhefe* |
| *¹/₄ l lauwarmes Wasser* |
| *1 TL Salz* |
| *Mehl für das Blech und zum Bestäuben* |

Die Nüsse grob hacken und 100 g davon in der trockenen Pfanne kurz anrösten.

Mehl und Hefe gut vermischen. Mit dem Wasser nach und nach zu einem glatten Teig verkneten. Salz und geröstete Nüsse gut einarbeiten. Mindestens 1 Stunde, besser 2 Stunden, zugedeckt an einem warmen Ort gehen lassen.

Ein Backblech mit Mehl bestreuen. Den Teig in 10–15 gleich große Stücke aufteilen. Zu runden Brötchen formen, auf das Blech setzen, restliche Nüsse aufstreuen und etwas festdrücken. Nochmals 30 Minuten gehen lassen.

Die Brötchen längs einritzen und mit etwas Mehl bestreuen. Im vorgeheizten Backofen 15–20 Minuten bei 190 °C backen.

# Laugengebäck

## Laugenbrötchen

| |
| --- |
| *500 g Weizenmehl* |
| *1 Päckchen Trockenhefe* |
| *$^1/_4$ l lauwarme Milch* |
| *1 TL Salz* |
| *Mehl für die Arbeitsfläche* |
| *1 l Wasser · 1 EL Salz* |
| *2 EL Natron* |
| *Öl und Mehl für das Blech* |
| *grobes Meersalz zum Bestreuen* |

Aus Mehl, Hefe und Milch einen festen Hefeteig bereiten. 1 Teelöffel Salz einkneten und zugedeckt über Nacht gehen lassen.

Auf einem bemehlten Arbeitsbrett dicke Kugeln formen, zudecken und nochmals etwa 30 Minuten gehen lassen.

Wasser, 1 Eßlöffel Salz und Natron aufkochen und die Teigkugeln einzeln kurz eintauchen. Nach dem Eintauchen die Kugeln sofort auf ein eingeöltes und bemehltes Backblech legen, oben kreuzweise einschneiden, mit Meersalz bestreuen und die Brötchen bei 200–220 °C im vorgeheizten Backofen 20–25 Minuten backen.

# Laugenhörnchen

| |
|---|
| *500 g Weizenmehl* |
| *1 Päckchen Trockenhefe* |
| *$^1/_4$ l lauwarme Milch* |
| *1 TL Salz* |
| *Mehl für die Arbeitsfläche* |
| *1 l Wasser* |
| *1 EL Salz* |
| *2 EL Natron* |
| *Öl und Mehl für das Blech* |
| *grobes Meersalz und Kümmelsamen nach Belieben zum Bestreuen* |

Aus Mehl, Hefe und Milch einen festen Hefeteig bereiten. 1 Teelöffel Salz einkneten und zugedeckt über Nacht gehen lassen.

Auf einem bemehlten Arbeitsbrett Hörnchen formen, zudecken und nochmals etwa 30 Minuten gehen lassen.

Wasser, 1 Eßlöffel Salz und Natron aufkochen und die Hörnchen einzeln kurz eintauchen. Nach dem Eintauchen die Hörnchen sofort auf ein eingeöltes und bemehltes Backblech legen, mit Meersalz und nach Belieben mit Kümmelsamen bestreuen und im vorgeheizten Backofen bei 200–220 °C etwa 15 Minuten backen.

# Laugenbrezeln

Mit den gleichen Zutaten und derselben Zubereitungsweise wie im vorhergehenden Rezept werden statt der Hörnchen Brezeln geformt, entweder ganz klein und dünn oder groß und dick. Je dünner, desto knuspriger werden die Brezeln ausgebacken. Um die Brezeln zu formen, folgen Sie dieser Anleitung:

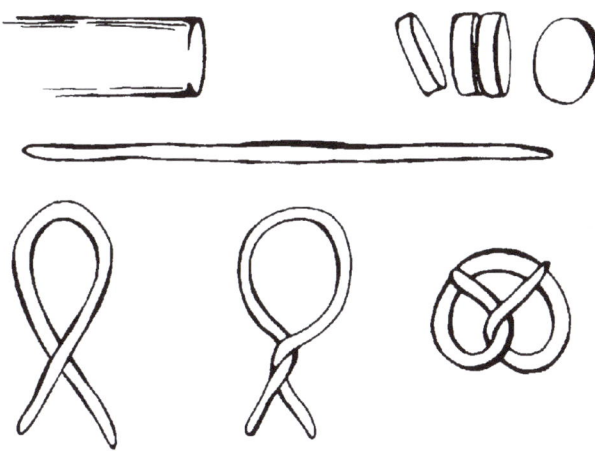

# Laugenstangen mit Käse

| |
|---|
| *500 g Weizenmehl* |
| *1 Päckchen Trockenhefe* |
| *$^1/_4$ l lauwarme Milch* |
| *1 TL Salz* |
| *Mehl für die Arbeitsfläche* |
| *1 l Wasser* |
| *1 EL Salz* |
| *2 EL Natron* |
| *Öl und Mehl für das Blech* |
| *grobes Meersalz und 6–10 EL milder geriebener Käse,* <br> *z. B. junger Gouda oder Emmentaler, zum Bestreuen* |

Aus Mehl, Hefe und Milch einen festen Hefeteig bereiten. 1 Teelöffel Salz einkneten und zugedeckt über Nacht gehen lassen.

Auf einem bemehlten Arbeitsbrett Stangen formen, zudecken und nochmals etwa 30 Minuten gehen lassen.

Wasser, 1 Eßlöffel Salz und Natron aufkochen und die Stangen einzeln kurz eintauchen. Nach dem Eintauchen die Stangen sofort auf ein eingeöltes und bemehltes Backblech legen, oben der Länge nach einschneiden, mit Meersalz bestreuen und im vorgeheizten Backofen bei 200–220 °C etwa 8 Minuten backen. Käse in die Einschnitte streuen und die Stangen weitere 8–10 Minuten backen.

# Laugenstangen
# mit Schinken und Käse

| |
|---|
| *500 g Weizenmehl* |
| *1 Päckchen Trockenhefe* |
| *$1/_4$ l lauwarme Milch* |
| *1 TL Salz* |
| *Mehl für die Arbeitsfläche* |
| *1 l Wasser* |
| *1 EL Salz* |
| *2 EL Natron* |
| *Öl und Mehl für das Blech* |
| *grobes Meersalz, 6–10 EL milder geriebener Käse,<br>z. B. junger Gouda, Emmentaler oder Tilsiter,<br>und 5–6 EL sehr fein gewürfelter Schinken zum Bestreuen* |

Aus Mehl, Hefe und Milch einen festen Hefeteig bereiten.
1 Teelöffel Salz einkneten und zugedeckt über Nacht gehen
lassen.

Auf einem bemehlten Arbeitsbrett Stangen formen, zudecken
und nochmals etwa 30 Minuten gehen lassen.

Wasser, 1 Eßlöffel Salz und Natron aufkochen und die Stangen
einzeln kurz eintauchen. Nach dem Eintauchen die Stangen sofort auf ein eingeöltes und bemehltes Backblech legen, mit
Meersalz bestreuen, von oben der Länge nach aufschneiden
und im vorgeheizten Backofen bei 200–220 °C etwa 8 Minuten
backen. In die Einschnitte zuerst den Schinken und darüber den
Käse streuen und die Stangen weitere 8–10 Minuten backen.

# Brote aus der Brotmaschine

Brotbacken ist ja an sich schon recht wenig Arbeit – nur der Zeitaufwand ist ziemlich groß und erfordert doch etwas Vorausdenken. Wem das unangenehm ist oder wenn Sie berufstätig sind und einfach keine Zeit haben, zuhause zu bleiben und alle paar Stunden etwas am Teig zu machen, dann können Sie sich das Leben jetzt noch weiter erleichtern, indem Sie Ihre Brote in der Brotmaschine backen.

Dabei geben Sie einfach zu einem günstigen Zeitpunkt alle Zutaten in den Automaten, stellen die Zeit ein, zu welcher das Brot fertig sein soll, und das war's dann auch schon in den meisten Fällen.

Der Phantasie sind keine Grenzen gesetzt – alle Brote, die Sie im Backofen backen können, lassen sich genauso gut im Automaten backen.

Selbst die Teige für Fladenbrote, Brötchen, Croissants usw. können Sie bequem in der Brotmaschine kneten. Sie müssen sie allerdings dann herausnehmen, portionieren und im Backofen backen.

Was mir nicht so gut gefällt, ist die Tatsache, daß die Behälter in den Geräten eher hochwandig sind, so daß es nur wenig Kruste gibt. Bei uns gibt es regelmäßig ein Wettrennen um die knusprigen Enden bei frischem Brot und hier gibt es nur ein knuspriges Ende – aber wenn man wenig Zeit hat, kann man das schon einmal in Kauf nehmen. Und am Sonntagmorgen mit dem Duft frischen Weißbrots aufzuwachen, ist auf jeden Fall sehr angenehm.

Wichtig ist noch, daß unbedingt alle Zutaten mit Zimmertemperatur in die Maschine kommen. Ich habe kürzlich einen wunderschönen Betonklotz mit Korianderaroma gebacken, weil ich das vergessen hatte!

Wenn Sie die Zeitschaltuhr verwenden möchten und die Zutaten einige Stunden in der Maschine liegen bleiben, ehe der Backvorgang beginnt, empfiehlt es sich, nur solche Zutaten zu verwenden, die nicht inzwischen verderben können – also im Hochsommer kein Ei, keine Milch, keine Butter usw.

Es empfiehlt sich auch, manche Zutaten, deren Eigengeschmack nicht durch Hefe oder Sauerteig überdeckt werden sollte, erst später zuzugeben, vor dem letzten Aufgehen, deshalb sind beispielsweise Walnußbrote nicht so recht geeignet, um in Abwesenheit gebacken zu werden.

Ich denke, ein gesonderter Rezeptteil erübrigt sich, denn – wie gesagt – alle Rezepte eignen sich im Prinzip für die Brotbackmaschine. Man braucht sie nicht abzuwandeln oder anzupassen. Man muß nur auf die Ratschläge achten, die hier erteilt werden und die Gebrauchsanweisung für das Gerät sehr, sehr sorgfältig lesen!

# Französische Brote

## Baguette

---

*500 g Weizenmehl (Type 405 oder 405 mit Weizenkeimen oder für Spätzle)*

---

*1 Würfel Hefe · 2 TL Salz · ca. 300 ml lauwarmes Wasser*

---

*Mehl für die Arbeitsfläche und das Blech*

---

*lauwarmes Wasser zum Bestreichen*

---

Das Mehl in eine Schüssel sieben und die Hefe hineinbröckeln. Das Salz im Wasser völlig auflösen und nach und nach zum Mehl geben. Dabei laufend kneten, bis ein glatter Teig entstanden ist, der sich von der Schüssel löst. Gut mit Mehl bestäuben, mit einem feuchten Tuch abdecken und an warmer, zugfreier Stelle 2–3 Stunden gehen lassen. Danach den Teig – immer noch in einem warmen, zugfreien Raum – auf ein bemehltes Backbrett legen, noch einmal kurz durchkneten.

Aus dem Teig einen langen schmalen Laib, wenn das Blech zu klein ist, auch zwei Laibe, formen und auf einem bemehlten Blech noch einmal kurz gehen lassen.

Oben mehrmals schräg einschneiden, mit lauwarmem Wasser bestreichen und das Brot im vorgeheizten Backofen bei 220 °C über Dampf 20–30 Minuten backen.

Nach 10–15 Minuten noch einmal mit lauwarmem Wasser bestreichen.

# Croissants

| |
|---|
| *1 Packung Blätterteig (TK)* |
| *125 g Butter* |
| *1 Prise Salz* |
| FÜR DIE FÜLLUNG: |
| *Zartbitterschokolade oder Aprikosenmarmelade oder Marzipanrohmasse oder gewürfelter Schinken oder Käse* |
| *flüssige Butter oder Sahne zum Bestreichen* |
| *Öl und Mehl für das Blech* |

Die Teigscheiben antauen lassen, jede dünn mit Butter bestreichen und ganz sparsam mit Salz bestreuen, alle aufeinander legen und zu einer dünnen Teigplatte ausrollen. Diese wiederum mit Butter bestreichen, zusammenfalten, 15 Minuten stehen lassen und nochmals ausrollen. Diesen Arbeitsschritt wiederholen, bis die Butter aufgebraucht ist.

Die letzte Teigplatte zu einem möglichst gleichmäßigen Rechteck ausrollen und in Dreiecke der gewünschten Größe schneiden.

Nun, falls gewünscht, die Füllung auf die Dreiecke geben, diese von der langen Seite her aufrollen und die Enden leicht einbiegen, so daß Hörnchen entstehen. Mit etwas flüssiger Butter oder Sahne bestreichen. Auf ein eingefettetes und bemehltes Backblech verteilen, dabei auf ausreichende Abstände achten.

Die Croissants 15–20 Minuten im vorgeheizten Backofen bei 225 °C backen.

# Brioches

| |
|---|
| *1 Päckchen Trockenhefe* |
| *40 g lauwarme Sahne* |
| *500 g Weizenmehl Type 550* |
| *100 g weiche Butter* |
| *50 g Puderzucker* |
| *3 große Eier* |
| *1 Prise Salz* |
| *geschmolzene Butter und Mehl für die Form(en)* |
| *1 Eigelb, mit 40 g Sahne verquirlt, zum Bestreichen* |

Die Hefe mit der Sahne verrühren und kurz gehen lassen. Alle anderen Zutaten zugeben und kräftig kneten, bis ein glänzender, geschmeidiger Teig entstanden ist. Mit einem feuchten Tuch zudecken und an einem warmen Platz 2 Stunden gehen lassen, bis er sein Volumen verdoppelt hat.

Briocheförmchen oder die Vertiefungen in einem Muffinblech mit geschmolzener Butter einpinseln und mit Mehl bestäuben. Den Teig nochmals kurz kneten, in eine entsprechende Anzahl Portionen teilen und zu Kugeln rollen. Von jeder Kugel ein Stück abbrechen und zu einer kleineren Kugel rollen. Die großen Teigkugeln in die Förmchen geben, in die Mitte eine Vertiefung drücken und die kleinen Kugeln darauf setzen. Jedes Brioche mit Eigelb-Sahne-Mischung bestreichen. Nochmals 30 Minuten gehen lassen.

Im vorgeheizten Backofen über Dampf bei 200 °C gut 15 Minuten backen.

# Italienische Brote

Auch in Italien wird sehr, sehr gutes Brot gebacken! Mir fehlt zwar gelegentlich dort etwas Salz, aber dem läßt sich ja leicht durch den Belag abhelfen. Und damit kommen wir auch gleich zu dem Thema, das in Italien unbedingt mit zum Brot gehört: Wichtig ist nicht nur, *wie* man das Brot macht, sondern auch, *was* man damit macht! Ich sage nur: Bruschetta, Focaccia, Knoblauchbrot! Deshalb denke ich, es ist ganz in Ihrem Sinn, wenn ich einige dieser Rezepte von »belegten« Broten angefügt habe.

## Italienisches Hefebrot

| |
| --- |
| *1 Päckchen Trockenhefe · 1 EL Wasser* |
| *500 g Weizenmehl · $^1/_4$ l Wasser* |
| *1 große Prise grobes Meersalz* |
| *Mehl zum Bestäuben · Öl für das Blech* |

Am Vorabend die Hefe mit dem Wasser anrühren. Wenn die Hefe völlig aufgelöst ist, 2–3 Eßlöffel Mehl darunter mischen und den Teig zur Kugel kneten. In eine Schüssel die Hälfte des übrigen Mehls geben, die Hefekugel hineinlegen, das ganze mit dem restlichen Mehl bedecken und die Schüssel mit einem feuchten Handtuch zudecken. Über Nacht an einen warmen Ort stellen.

Am nächsten Morgen das Wasser mit dem Meersalz aufkochen und wieder abkühlen lassen. Die Hefekugel aus der Schüssel nehmen, eine Vertiefung in das lose Mehl drücken und die Kugel dort hineinlegen. Nach und nach das abgekühlte Salzwasser in die Mitte des Mehls geben und die Hefekugel mit Wasser und Mehl verkneten, bis ein sehr geschmeidiger Teig entstanden ist, der sich leicht von der Schüssel löst. Jetzt die Schüssel noch einmal rundum mit Mehl einstäuben, den Teig hineinlegen, mit einem feuchten Tuch bedecken und etwa 3 Stunden an einem warmen Platz gehen lassen.

Nach nochmaligem kurzem Durchkneten zwei bis drei längliche Brote formen, auf ein Brett, das mit einem bemehlten Tuch bedeckt ist, legen. Die Brote müssen nochmals 2 Stunden an einem warmen Ort mit möglichst hoher Luftfeuchtigkeit (beispielsweise durch Dampf von kochendem Wasser erzeugt) gehen.

Die Brote dann auf ein gut eingeöltes Backblech legen und etwa 20 Minuten bei 220 °C (Umluft 190 °C) über Dampf backen.

*Tip:* Sie können die Brote vor dem Backen mit Öl oder Salzwasser bestreichen – dann werden sie knuspriger – oder mit Mehl bestäuben, dann sehen sie besonders appetitlich aus.

# Italienisches Osterbrot

*1 Päckchen Trockenhefe · 1 Prise Zucker*

*1–2 EL lauwarmes Wasser*

*500 g Weizenmehl · 100–150 g Schmalz*

*2 gehäufte EL Parmesan*

*schwarzer Pfeffer aus der Mühle*

*Salz · Öl für das Blech*

*4 rohe Eier in der halben Schale*

Die Hefe mit dem Zucker im lauwarmem Wasser vollständig auflösen. Das Mehl in eine Schüssel geben, eine kleine Vertiefung in die Mitte drücken und die Hefelösung hineinrühren. Nach und nach die Hefelösung mit dem Mehl und allen anderen Zutaten außer den rohen Eiern verkneten, bis ein geschmeidiger Teig entstanden ist, der sich leicht aus der Schüssel löst. Eventuell muß noch etwas lauwarmes Wasser hinzugefügt werden. Die Schüssel mit einem feuchten Tuch abdecken und den Teig 2–3 Stunden an einem warmen, zugfreien Platz gehen lassen. Der Teig muß sein Volumen mindestens verdoppeln.

Den Teig nochmals durchkneten, in drei Stränge teilen, diese zu einem Zopf flechten, nach Belieben zum Kranz formen und auf ein gut eingeöltes Backblech legen. In diesen Kranz oder Zopf die 4 rohen Eier in ihren Schalen einsetzen und nochmals an einem warmen Platz etwa 30 Minuten gehen lassen.

Das Osterbrot etwa 45 Minuten bei 180 °C (Umluft 165 °C) backen.

# Toskanisches Hefebrot

| |
|---|
| *3 Päckchen Trockenhefe* |
| *knapp 700 ml lauwarmes Wasser* |
| *1,5 kg helles Weizenmehl (z. B. Weizenmehl Type 405 mit Kleie)* |
| *1 große Prise Salz* |

Am Vorabend die Hefe in gut 200 ml Wasser auflösen, etwa 400 g Mehl in eine Schüssel geben, eine Vertiefung in die Mitte des Mehls drücken und die aufgelöste Hefe mit dem Mehl verrühren, bis ein dicker Teig entstanden ist. Diesen mit einem feuchten Tuch bedecken und die Schüssel über Nacht an einen warmen, zugfreien Platz stellen.

Am nächsten Morgen nach und nach 500 ml lauwarmes Wasser in den Vorteig rühren. Anschließend das Salz und gut 800 g des restlichen Mehls nach und nach in den Teig einrühren und -kneten. Wenn ein schöner glatten Teig entstanden ist, die Schüssel nochmals mit einem feuchten Tuch zudecken und den Teig gut 30 Minuten gehen lassen.

Anschließend das restliche Mehl auf eine saubere Arbeitsfläche geben, den Teig darauf legen und nach und nach das Mehl einarbeiten. Den Teig in zwei Hälften teilen, längliche Laibe formen und, eingeschlagen in ein Tuch nochmals 15 Minuten gehen lassen.

Inzwischen den Backofen auf 200 °C (Umluft 175 °C) vorheizen, dabei zwei Römertöpfe ohne Deckel oder ein mit Backpapier belegtes Blech miterhitzen. Die Brote in die Römertöpfe oder auf das Blech setzen und etwa 1 Stunde backen.

# Ciabatta

| |
|---|
| $^1/_4$ l lauwarmes Wasser |
| $^1/_2$ TL Trockenhefe |
| 1 Prise Zucker |
| 250 g Weizenmehl |
| $^3/_4$ TL Salz |

Das Wasser in die Schüssel der Rührmaschine mit Knethaken geben, Hefe und Zucker einrühren und 10 Minuten stehen lassen, bis sich beides im Wasser aufgelöst hat. Dann nach und nach das Mehl und das Salz untermischen und 10 Minuten auf kleinster Stufe kneten.

Ein Backblech mit Backpapier belegen, den Teig darauf zu einem flachen Fladen zerlaufen lassen. An warmer, zugfreier Stelle mindestens 2 $^1/_2$ Stunden gehen lassen.

Anschließend 10 Minuten bei 250 °C anbacken, bei 200 bis 220 °C in etwa 25 Minuten goldgelb backen (Umluft 200 und 180 °C). Das Brot vor dem Anschneiden mindestens 1 Stunde abkühlen lassen.

*Tip:* Diesen herrlichen dicken Fladen, innen locker und zart, außen schön knusprig schneide ich am liebsten auf und fülle ihn, etwa mit Tomaten, Mozzarella, Zwiebeln und Basilikum.

# Ciabatta nach traditioneller Art

Auch nach diesem Rezept werden Sie eine hervorragende Ciabatta backen, es ist allerdings etwas zeitaufwendiger und komplizierter.

| |
|---|
| VORTEIG (ergibt mehrere Portionen): |
| $^1/_2$ TL Trockenhefe |
| 125 ml lauwarmes Wasser |
| 400 g Weizenmehl Type 1050 |
| 200 ml kaltes Wasser |
| TEIG: |
| $^3/_4$ TL Trockenhefe |
| 125 ml lauwarmes Wasser |
| 400 g Weizenmehl Type 1050 |
| $^1/_2$ EL Meersalz |
| gut 300 ml kaltes Wasser |
| 180–200 ccm Vorteig |
| Olivenöl für die Schüssel und die Form |
| Mehl für die Arbeitsfläche |
| feines Maismehl für das Blech |

Für den Vorteig die Hefe im warmen Wasser auflösen und 15 Minuten gehen lassen. In einer großen Schüssel das Mehl von der Mitte aus mit der Hefemischung und dem kalten Wasser gründlich vermischen. Fest verschließen und mindestens 24 Stunden in den Kühlschrank stellen. Dann die

180–200 ccm Vorteig, die für den Brotteig benötigt werden, abmessen, den Rest einfrieren (er läßt sich aufgetaut problemlos weiterverwenden).

Für den Ciabattateig die Hefe in das warme Wasser rühren und 15 Minuten an einem warmen Ort gehen lassen. Das Mehl in eine Schüssel sieben, von der Mitte her Hefemischung, Salz, kaltes Wasser und Vorteig einarbeiten. Sehr gründlich kneten, dabei den Teig immer wieder von den Rändern nach innen falten und solange kneten, bis er nicht mehr an den Schüsselwänden klebt.

Anschließend sehr lange (etwa 20 Minuten) auf einer bemehlten Arbeitsfläche kneten und schlagen (wie Pizzateig), dazwischen immer wieder 1 Minute ruhen lassen. Eine große Schüssel mit Olivenöl ausreiben, den Teig hineingeben und 2 Stunden zugedeckt gehen lassen.

Jetzt den Teig in eine mit Olivenöl ausgeriebene quadratische Backform von 20 cm Kantenlänge pressen, mit einem feuchten Tuch zudecken und nochmals 2 Stunden gehen lassen.

Teig auf eine bemehlte Fläche stürzen und vorsichtig eventuelle Luftblasen herausdrücken. Dabei ein Rechteck formen. In die typische Ciabattaform ziehen. (Ein Ende langziehen und zur Laibmitte falten). Auf ein mit Maismehl bestäubtes Blech setzen, zudecken und wieder 1 Stunde gehen lassen. Umdrehen, so daß auch die andere Seite bemehlt wird, auf dem Blech nochmals 20 Minuten gehen lassen.

Den Backofen auf 200 °C vorheizen, eine Schale mit Wasser hineinstellen, so daß der Backofen sich mit Dampf füllt. Das Brot in knapp 1 Stunde goldgelb backen.

# Grissini
## (Knabberstangen)

| |
|---|
| 1 Päckchen Trockenhefe |
| 150 ml lauwarmes Wasser |
| 4 EL Olivenöl |
| $\frac{1}{4}$ TL abgeriebene Zitronenschale |
| $\frac{1}{2}$ TL Salz |
| 1 EL Zucker |
| 500 g Weizenmehl |
| nach Wahl: 150 g Pinienkerne oder 2 EL gehackter Rosmarin oder 2 EL Fenchelsamen oder 1 TL gemahlener Anis oder 1 geh. EL grob gehackter grüner Pfeffer |
| Mehl für die Arbeitsfläche |
| Öl für die Schüssel und die Bleche |
| 1 verquirltes Ei zum Bestreichen |
| 2 EL grobes Meersalz zum Bestreuen |

Die Hefe im lauwarmen Wasser anrühren und 15 Minuten stehen lassen.

Olivenöl, Zitronenschale, Salz, Zucker und 250 g Mehl einrühren. Zu einem glatten Teig verarbeiten. Gewünschte Gewürzzutaten und soviel vom restlichen Mehl einarbeiten, daß der Teig fest wird. Auf einer bemehlten Arbeitsfläche zu einem glatten, elastischen Teig verkneten. Falls notwendig, nach und nach mehr Mehl zugeben. Den Teig zur Kugel formen und in eine eingeölte Schüssel legen, drehen, damit der Teig rundum eingeölt wird. Mit einem feuchten Tuch zudecken und an einem warmen Platz mindestens 1 Stunde, besser 2 Stunden, stehen lassen, bis sich das Teigvolumen verdoppelt hat.

Den Teig durch wiederholtes Halbieren in 20 oder mehr gleich große Stücke teilen. Diese jeweils zu einer langen, dünnen Stange rollen (von etwa $^3/_4$ cm Durchmesser). In Zentimeterabständen auf leicht eingeölte Bleche legen, abdecken und nochmals 30 Minuten gehen lassen.

Mit verquirltem Ei bestreichen und mit grobem Meersalz bestreuen. Bei 160 °C im vorgeheizten Backofen etwa 40 Minuten backen, bis die Stangen leicht gebräunt sind.

# Südtiroler Fladenbrot

| |
|---|
| *1 Päckchen Trockenhefe* |
| *ca. 250 ml lauwarmes Wasser* |
| *500 g Mehl (Roggen oder Roggen und Weizen gemischt)* |
| *1 knapper EL Salz* |
| *nach Wahl: 1–2 TL Anis oder Kümmelsamen oder grob gemahlene Koriandersamen* |
| *1 EL geschmolzenes Schweine- oder Gänseschmalz* |
| *Mehl zum Bestäuben* |
| *Mehl oder Schrot für die Bleche* |

Am Abend zuvor die Hefe in der Hälfte des Wassers auflösen, das Mehl in eine Schüssel geben, und in eine Vertiefung in der Mitte die aufgelöste Hefe geben. Von den Rändern her etwas Mehl in die Flüssigkeit einrühren, mit einem feuchten Tuch bedecken und über Nacht an einem warmen, zugfreien Platz stehen lassen.

Am nächsten Morgen das Salz, die gewünschten Gewürze und das Schmalz darüber geben und nach und nach das Mehl damit, mit der Hefelösung und dem restlichen Wasser verkneten. Wenn der Teig geschmeidig ist und sich gut aus der Schüssel löst, mit Mehl bestäuben, mit einem feuchten Tuch abdecken und an einem warmen Ort etwa 1 Stunde gehen lassen.

Dann zwei flache Fladen formen und auf gut bemehlte oder mit Schrot bestreute Backbleche legen. Noch einmal gehen lassen. Wenn die Fladen genug Volumen gewonnen haben, im vorgeheizten Backofen bei 220 °C (Umluft 200 °C) knapp 45 Minuten backen.

# Pizzabrot

| |
|---|
| *500 g Weizenvollkornmehl · 1 geh. TL Salz* |
| *1 Würfel Hefe (42 g)* |
| *300 ml lauwarmes Wasser, evtl. mit einem Schuß Milch vermischt* |
| *2 fein gehackte Knoblauchzehen · 2 EL gutes Olivenöl* |
| *Mehl für die Arbeitsfläche · Öl für die Bleche* |

Mehl und Salz in einer Schüssel vermischen. In einem Schälchen die Hefe mit ein wenig Wasser gut verrühren, in das restliche Wasser Knoblauch und Olivenöl geben.
Eine Vertiefung in das Mehl drücken, die aufgelöste Hefe hineingießen und die Hefe nach und nach in das Mehl einarbeiten. Immer wieder Wasser-Öl-Mischung dazugeben, bis ein glatter, weicher und geschmeidiger Teig entstanden ist, der sich leicht aus der Schüssel löst. Jetzt die Schüssel mit einem feuchten Tuch zudecken und an einen warmen, zugfreien Platz stellen.
Wenn der Teig etwa sein doppeltes Volumen erreicht hat, halbieren und jede Hälfte auf einer bemehlten Arbeitsfläche dünn auf Pizzagröße ausrollen. Beide Teigfladen auf eingeölte Backbleche geben und bei größtmöglicher Hitze backen. Je nach Teigdicke und Temperatur dauert es etwa 15–30 Minuten.

*Tip:* Wenn Ihre Zeit nicht reicht, um den Pizzaboden selbst herzustellen, können Sie auch einen fertigen Pizzaboden nehmen. Rollen Sie diesen aus, bestreuen Sie ihn mit Salz und Knoblauch und geben Sie etwas Olivenöl darüber. Das Pizzabrot dann nach Packungsaufschrift backen!

# Focaccia mit Käse
### (Überbackenes Hefefladenbrot)

Bei der Focaccia handelt es sich um eine Zwischenstufe zwischen Fladenbrot und Brotlaib. Sie ist nicht so dünn wie Pizza oder andere Fladenbrote, aber so ganz die rechte Rundung erreicht sie auch nicht. Sie schmeckt wunderbar – vor allem als kleiner Snack zur Cocktailstunde oder zum Wein.

| TEIG: |
|---|
| 1 Päckchen Trockenhefe |
| 300 ml lauwarme Milch |
| 500 g Weizenmehl · 1 gehäufter TL Salz |
| 2 EL feinstes Olivenöl |
| Mehl für die Arbeitsfläche · Öl für das Blech |
| BELAG: |
| 1 EL Olivenöl |
| 2 rote Zwiebeln, in dünne Scheiben geschnitten |
| 2 gehackte Knoblauchzehen |
| 150 g Gorgonzola oder Mascarpone oder eine Mischung aus beidem |
| Salz · Pfeffer |

Die Hefe in einer Schüssel mit 2–3 Eßlöffeln der Milch anrühren. Wenn sie sich völlig aufgelöst hat, 50 g Mehl untermischen, die Mischung mit 200 g Mehl bestreuen und das Ganze gut 30 Minuten zugedeckt an einem warmen Platz stehen lassen.

Nach dieser Zeit sollte die Hefemischung das darüber liegende Mehl durchbrechen. Jetzt das Salz mit dem restlichen Mehl vermischen und dieses mit dem Olivenöl in die Schüssel geben. Alles mit der restlichen Milch zu einem geschmeidigen Teig verkneten, der sich leicht von der Schüssel löst.

Diesen Teig zugedeckt gut 2 Stunden an einem warmen Ort gehen lassen, bis er sein Volumen verdoppelt hat.

Danach auf bemehlter Arbeitsfläche etwa 2 cm dick ausrollen und auf ein gut geöltes Backblech legen. Die Oberfläche kreuzweise einschneiden.

Für den Belag in einer kleinen Pfanne das Öl nicht zu stark erhitzen und darin die Zwiebeln und die gehackten Knoblauchzehen ganz leicht anrösten. Diese Mischung über das Brot verteilen, darüber kommt der Käse in kleinen Stückchen. Mit Salz und Pfeffer würzen.

Die Foccacia bei 200 °C (Umluft 175 °C) etwa 30 Minuten backen.

# Focaccia mit Rosmarin
## (Hefefladenbrot mit Rosmarin)

| TEIG: |
| --- |
| *Wie im vorhergehenden Rezept* |
| BELAG: |
| *frische Rosmarinzweige* |
| *Salz* |
| *reichlich frisch gemahlener Pfeffer* |
| *1–2 EL Olivenöl* |

Den Teig wie im vorhergehenden Rezept vorbereiten.

Inzwischen die Rosmarinzweige in Stücke von etwa 2 cm Länge schneiden und diese zusammen mit Salz und Pfeffer in das Öl geben. Diese Mischung über das Brot verteilen, dabei besonders darauf achten, daß Rosmarin in die Einschnitte kommt.

Die Focaccia bei 200 °C (Umluft 175 °C) etwa 30 Minuten backen.

*Anmerkung:* Bei einer Focaccia sind der Phantasie keine Grenzen gesetzt. Sie können die beiden hier beschriebenen Varianten mischen, statt Rosmarin können Sie Oregano oder Basilikum oder eine Mischung aus einem Gewürzkraut und Knoblauch verwenden, und wenn Sie es gerne scharf haben, dann paßt auch Chili wunderbar dazu!

# Bruschetta mit Tomaten
### (Geröstetes Weißbrot mit Olivenöl und Tomaten)

| FÜR JEDE PERSON: |
| --- |
| *3 Scheiben italienisches Hefebrot,*<br>*knapp 1 cm dick geschnitten* |
| *1 Knoblauchzehe* |
| *warmes Olivenöl der besten Sorte* |
| *3 große Basilikumblätter* |
| *ausreichend halbierte Cocktailtomaten,*<br>*um jede Scheibe zu belegen* |
| *schwarzer Pfeffer aus der Mühle* |
| *Salz* |

Die Brotscheiben im vorgeheizten Backofen goldgelb rösten. Danach die heißen Brotscheiben rasch mit den Hälften der Knoblauchzehe einreiben. (Wer gerne Knoblauch ißt, zerdrückt etwas Knoblauch über jeder Scheibe und verteilt ihn darauf.)

Auf jede Scheibe gleichmäßig verteilt warmes Olivenöl geben, je ein Basilikumblatt darauf legen und dieses nochmals mit wenigen Tropfen Olivenöl beträufeln. Salz und frisch gemahlenen Pfeffer darauf streuen und das Ganze zum Schluß mit den halbierten Cocktailtomaten belegen.

Heiß servieren.

# Bruschetta mit Rucola

## (Geröstetes Weißbrot mit Olivenöl und Rucola)

FÜR JEDE PERSON:

*3 Scheiben italienisches Hefebrot,
knapp 1 cm dick geschnitten*

*warmes Olivenöl der besten Sorte*

*10–12 Rucolazweige (am besten Wildrucola)*

*3 halbierte Cocktailtomaten*

*schwarzer Pfeffer aus der Mühle*

*Salz*

Die Brotscheiben im vorgeheizten Backofen goldgelb rösten. Auf jede Scheibe gleichmäßig verteilt das warme Olivenöl träufeln. Die Scheiben mit Rucolazweigen und halbierten Cocktailtomaten belegen und das Ganze mit Salz und frisch gemahlenem Pfeffer würzen.

# Italienisches Brot mit Knoblauch

| |
|---|
| *2–3 Knoblauchzehen* |
| *Salz* |
| *frisch gemahlener Pfeffer* |
| *etwas gehackte Petersilie* |
| *Butter oder Olivenöl* |
| *1 italienisches Hefebrot* |

Mindestens einen halben Tag vor der Mahlzeit den Knoblauch durch die Presse drücken und mit Salz, Pfeffer, Petersilie sowie der Butter oder dem Olivenöl vermischen.

Das Brot so einschneiden, daß etwa daumendicke Scheiben entstehen, die aber auf der Unterseite noch miteinander verbunden sind. Jetzt vorsichtig alle Scheiben von beiden Seiten mit der vorbereiteten Mischung bestreichen. Eventuelle Reste auf die Oberfläche des Brotes geben.

Das Brot im vorgeheizten Backofen bei 180 °C (Umluft 170 °C) etwa 10 Minuten rösten.

*Tip:* Vor dem Backen können Sie nach Geschmack noch etwas geriebenen Emmentaler über das Brot streuen.

# Amerikanische Brote

## Amerikanisches Hefebrot

*600 g Weizenmehl · 1 ¹/₂ TL Salz*

*20 g Zucker · 1 Päckchen Trockenhefe*

*¹/₂ l lauwarmes Wasser · 30 ml Öl*

*Öl für das Butterbrotpapier und die Schüssel*

*600 g Roggenmehl · Öl und Mehl für die Form*

Weizenmehl, Salz, Zucker und Hefe in einer Schüssel gut vermischen. In die Mitte eine Delle drücken. Das warme Wasser und das Öl hineingießen und einrühren. Mit gefettetem Butterbrotpapier und einem feuchten Tuch abdecken und 10 Minuten an einem warmen Ort gehen lassen.

Das Roggenmehl einkneten, bis der Teig glatt und geschmeidig ist und nicht mehr an den Schüsselwänden klebt. In eine eingeölte Schüssel legen und drehen, bis die ganze Oberfläche leicht mit Öl bedeckt ist. Mit einem feuchtem Tuch bedeckt an einem warmen, zugfreien Ort mindestens 2 Stunden gehen lassen, bis das Volumen verdoppelt ist.

Zwei Laibe formen und in eingefettete und bemehlte Kastenformen geben. Nochmals zugedeckt für 1 Stunde gehen lassen. Anschließend das Brot 20–25 Minuten im vorgeheizten Backofen bei 200 °C backen.

# Chilibrot

| |
|---|
| 4–5 Chilischoten (am besten Jalapeños) |
| 1 Päckchen Trockenhefe |
| 60 ml lauwarmes Wasser |
| 2 EL Butter |
| 100 ml warme Milch |
| 1 TL Salz |
| 1 TL Zucker |
| 500 g Weizenmehl |
| Öl für die Schüssel |
| Öl und Mehl für die Form |

Die Chilischoten waschen, entkernen und pürieren. Die Hefe im warmen Wasser auflösen, die Butter schmelzen und mit der warmen Milch in die Hefelösung geben, pürierte Chilis, Salz und Zucker dazugeben.

Nach und nach das Mehl untermengen und zu einem glatten, geschmeidigen Teig kneten. Eine Schüssel leicht einölen, den Teigballen darin drehen, bis er überall mit Öl bedeckt ist, mit einem feuchten Tuch zudecken und an einem warmen Platz 2–3 Stunden gehen lassen.

Nochmals kurz kneten, zu einem Rechteck von etwa 20 x 30 cm formen, von der kurzen Seite her aufrollen und mit der Naht nach unten in eine eingefettete und bemehlte Kastenform legen. Nochmals 1 Stunde gehen lassen.

Das Brot bei 180 °C über Dampf gut 35 Minuten backen.

# Brot mit sonnengetrockneten Tomaten und Knoblauch

| |
|---|
| *1 Päckchen Trockenhefe* |
| *250 ml lauwarmes Wasser* |
| *100 g Sauerteig-Grundansatz (siehe Seite 24)* |
| *500 g Weizenmehl* |
| *1 TL Salz · $^1/_2$ TL Zucker* |
| *150 g sonnengetrocknete Tomaten in Olivenöl* |
| *2 Knoblauchzehen* |
| *Olivenöl zum Braten* |
| *Mehl für das Blech* |
| *etwas Maisstärke, mit kaltem Wasser angerührt, zum Bestreichen* |

Die Hefe in das warme Wasser rühren und 5 Minuten gehen lassen. Den Sauerteig, die Hälfte des Mehls, Salz und Zucker einrühren und 1 $^1/_2$ Stunden zugedeckt gehen lassen.

Tomaten in einem Sieb gut abtropfen lassen und klein hacken. Knoblauch klein hacken und in wenig Olivenöl kurz anbraten. In den gegangenen Teig einkneten, das restliche Mehl dazugeben und zu einem glatten, geschmeidigen Teig verkneten. Einen Laib formen und auf einem bemehlten Blech gut 1 Stunde zugedeckt gehen lassen.

Die Maisstärke mit Wasser aufkochen und die Oberfläche des Laibes damit bestreichen. Das Brot 10 Minuten bei 200 °C backen, wieder mit Stärkelösung bestreichen. Nochmals gut 20 Minuten bei 180 °C über Dampf backen.

# Roggentoast

Zugegeben: Toast ist eigentlich eine englische Erfindung, aber er hat doch viel Ähnlichkeit mit den typischen amerikanischen Broten und wird dort ebensoviel gegessen wie in allen Ländern, deren Geschichte untrennbar mit England verbunden ist. Deshalb wird es mir hoffentlich niemand verübeln, daß ich den Toast mit bei den amerikanischen Broten aufgenommen habe.

| |
|---|
| *500 g Roggenmehl Type 610* |
| *3 geh. TL Backpulver* |
| *2 gestr. TL Salz* |
| *$^1/_4$ l Milch* |
| *$^1/_8$ l Wasser* |
| *50 g geschmolzene Butter* |
| *Öl und Mehl für die Form* |

Mehl, Backpulver und Salz vermischen, Milch, Wasser und geschmolzene Butter von der Mitte her einrühren, so daß ein glatter Rührteig entsteht.

In eine eingefettete und bemehlte Kastenform geben und im vorgeheizten Backofen bei 200 °C über Dampf 45 Minuten backen.

Das Brot vor dem Toasten ein paar Tage liegen lassen.

*Tip:* Dieses Rezept läßt sich variieren, indem man statt Roggen- Weizenmehl verwendet oder eine Mischung aus verschiedenen Mehlen, wobei auch Vollkornmehle geeignet sind.

# Rye Bread
## (Amerikanisches Roggenbrot)

| |
|---|
| *500 g Weizenmehl* |
| *1 $^1/_2$ Päckchen Trockenhefe* |
| *4 gehäufte EL Kakaopulver* |
| *1 TL Instantkaffee* |
| *ca. 400 ml Wasser* |
| *100 g Melasse (Reformhaus)* |
| *2 EL Butter · 1 EL Zucker* |
| *1 TL Salz* |
| *600 g Roggenmehl* |
| *Öl für die Form* |
| *1 EL geschmolzene Butter zum Bestreichen* |

Weizenmehl, Hefe, Kakao und Instantkaffee in einer Schüssel gut vermischen.

Wasser, Melasse, Butter, Zucker und Salz unter ständigem Rühren erwärmen, bis die Butter schmilzt. In die Mehlmischung einrühren.

Das Roggenmehl einkneten, bis der Teig glatt und geschmeidig ist und nicht mehr an den Schüsselwänden hängenbleibt. 30 Minuten zugedeckt an einem warmen Ort gehen lassen.

Nochmals kurz durchkneten. In eine große oder zwei kleinere eingefettete Kastenformen geben und zugedeckt mindestens 1 Stunde, besser 2 Stunden, gehen lassen.

Bei 190 °C über Dampf gut 30 Minuten backen. Die noch warme Oberfläche mit der geschmolzenen Butter bestreichen.

# Rolls
## (Amerikanische Brötchen)

Rolls sind die amerikanische Version von Brötchen und werden zu jedem Dinner gereicht.

| |
|---|
| 1 $^1/_2$ TL Trockenhefe |
| 120 ml lauwarmes Wasser |
| 500 g Weizenmehl Type 550 |
| 60 g Maismehl · 1 EL Zucker · 1 TL Salz |
| 2 EL Milchpulver · 1 großes Ei |
| 60 g Butter |
| Mehl für die Arbeitsfläche |
| 1 Ei, mit etwas Wasser verquirlt, zum Bestreichen |
| Mehl (oder Backpapier) für das Blech |

Die Hefe mit dem Wasser anrühren, kurz gehen lassen. Mehl, Maismehl, Zucker, Salz und Milchpulver vermischen. Das Ei und die angewärmte Butter zur Hefelösung geben, verrühren, nach und nach die Mehlmischung einrühren und zu einem glatten Teig kneten. Zugedeckt 2 Stunden gehen lassen.
Jetzt den Teig auf einer bemehlten Fläche etwa 5 mm dick ausrollen. Einen Teil des Teiges zu Dreiecken ausschneiden und daraus Hörnchen rollen. Den Rest zu daumendicken Strängen formen, etwa 15–20 cm lang, und zu einem Knoten schlingen. Die Rolls mit der Ei-Wasser-Mischung bestreichen und auf bemehltem oder mit Backpapier belegtem Blech im vorgeheizten Backofen bei 170 °C in etwa 20 Minuten hell goldgelb backen.

# Hamburgerbrötchen

| |
|---|
| *2 mehlige Kartoffeln* |
| *1 Päckchen Trockenhefe* |
| *30 ml lauwarmes Wasser* |
| *125 g Hüttenkäse (körniger, magerer Frischkäse)* |
| *30 g Zucker* |
| *1 EL Öl* |
| *1 kleines Ei* |
| *500 g Weizenmehl* |
| *Öl für die Schüssel, zum Formen und für das Blech* |
| *Mehl für die Arbeitsfläche* |
| *1 Ei zum Bestreichen* |
| *weiße Sesamsamen zum Bestreuen* |

Die Kartoffeln kochen und schälen, fein zerdrücken. Abkühlen lassen.

Die Hefe in das warme Wasser einrühren und einige Minuten gehen lassen. Hüttenkäse, Zucker, Öl und das Ei in die Kartoffeln einrühren, die Hefelösung untermischen. Die Hälfte des Mehls zu der Mischung geben und kräftig kneten, dann die zweite Hälfte dazugeben und weiterkneten, bis der Teig glatt und geschmeidig ist und nicht mehr klebt.

Einen Ballen formen, in eine eingeölte Schüssel geben und drehen, damit die ganze Oberfläche mit Öl bedeckt ist. Zugedeckt an einem warmen, zugfreien Platz 2 Stunden gehen lassen.

Nochmals kurz auf einer bemehlten Fläche kneten und in fünf bis sechs Portionen teilen. Mit eingeölten Händen jede Portion zu einer Kugel formen. In ausreichenden Abständen von je etwa 5 cm auf einem eingefetteten Backblech anordnen. Nochmals 30 Minuten zugedeckt gehen lassen.

Das zweite Ei verquirlen, die Oberfläche der Brötchen damit bestreichen, Sesamsamen darüber streuen und die Brötchen im vorgeheizten Backofen bei 170 °C in 20–25 Minuten über Dampf goldgelb backen.

# Corn Bread
## (Maisbrot)

| |
|---|
| 10 EL Zucker · 1 Päckchen Trockenhefe |
| 4 EL lauwarmes Wasser · 300 ml warme Milch |
| 2 Eier · 1 gestr. TL Salz · 3 EL weiche Butter |
| 350 g feines Maismehl |
| 150 g Weizenvollkornmehl |
| nach Bedarf Apfelmus · Öl für die Schüssel |
| Öl und Mehl für die Form |

1 Eßlöffel Zucker und die Hefe mit dem Wasser verrühren, kurz gehen lassen.

Restlichen Zucker, Milch, Eier, Salz, Butter und die Hälfte des Mehls in einer Schüssel gründlich vermischen. Die Hefelösung zugeben und einkneten oder -rühren. Restliches Mehl dazukneten, bis ein glatter, geschmeidiger Teig entstanden ist, der nicht mehr an den Schüsselwänden klebt

Falls der Teig zu trocken wird, etwas Apfelmus untermischen, falls er zu feucht bleibt, mehr Maismehl einkneten.

In eine eingeölte Schüssel legen und drehen, bis die ganze Oberfläche leicht mit Öl bedeckt ist. Mit feuchtem Tuch bedeckt an einem warmen, zugfreien Ort mindestens 2 Stunden gehen lassen, bis das Volumen verdoppelt ist.

Einen Laib formen und in eine eingefettete, bemehlte Kastenform geben. Nochmals zugedeckt 1 Stunde gehen lassen.

Das Brot 35–40 Minuten im vorgeheizten Backofen bei 190 °C backen.

# Oatmeal Molasses Bread

## (Haferbrot mit Melasse)

| |
|---|
| 400 g Weizenvollkornmehl |
| 300 g Weizenmehl Type 405 |
| 120 g mittelfeine Haferflocken · $^3/_4$ TL Salz |
| 1 $^1/_2$ Päckchen Trockenhefe |
| 250 ml lauwarmes Wasser |
| 75 g Melasse (Reformhaus) |
| Öl für die Schüssel · Mehl für das Blech |
| 1–2 EL Haferflocken zum Bestreuen |
| 80 ml lauwarme Milch zum Bestreichen |

In einer Schüssel Mehl, Haferflocken und Salz gut vermengen. In einer anderen Schüssel Hefe, Wasser und Melasse vermischen und warm stellen, bis die Mischung Schaum gebildet hat. Die Hefelösung in die Mehlmischung gießen und gut durchmischen. Kneten, bis der Teig glatt und geschmeidig ist und nicht mehr klebt. Je nach Bedarf eventuell etwas Wasser oder Mehl zugeben. Den Teig in eine eingeölte Schüssel legen und drehen, bis die ganze Oberfläche leicht mit Öl bedeckt ist. Mit feuchtem Tuch bedeckt an einem warmen, zugfreien Ort mindestens 2 Stunden gehen lassen, bis das Volumen verdoppelt ist.

Zwei Laibe formen und auf ein bemehltes Backblech geben. Mit Haferflocken bestreuen. Nochmals zugedeckt gut 1 Stunde gehen lassen.

Die Oberfläche mit Milch bestreichen und die Brote 20–25 Minuten im vorgeheizten Backofen bei 200 °C backen.

# Bagels
## (Heferinge)

---

*1 Päckchen Trockenhefe · 240 ml lauwarmes Wasser*

*3 EL Zucker · 1 ¹/₂ TL Salz*

*650 g Weizenmehl · Mehl für die Arbeitsfläche*

*Maismehl für das Blech*

*3 l Wasser*

*1 Eigelb, mit Wasser verquirlt, zum Bestreichen*

*nach Wahl: weiße Sesamsamen, Kümmelsamen, Mohn
zum Bestreuen*

---

Die Hefe in Wasser auflösen, gehen lassen, bis Schaum entstanden ist. 1 Eßlöffel Zucker, Salz und 400 g Mehl hinzugeben und glatt rühren. Mit dem restlichen Mehl zu einem glatten, glänzenden Teig verkneten. Zugedeckt etwa 2 Stunden an einem warmen Ort gehen lassen, bis das Volumen verdoppelt ist.

Auf einer bemehlten Fläche kurz durchkneten. Sechs Kugeln formen, flach drücken, mit dem Daumen in die Mitte ein Loch drücken und gleichmäßige Ringe formen. Wieder zudecken und etwa 30 Minuten gehen lassen.

Restlichen Zucker in die 3 Liter Wasser geben, zum Kochen bringen. Die Bagels in das leicht kochende Wasser geben und unter häufigem Drehen 5 Minuten kochen.

Auf ein mit Maismehl bestreutes Backblech legen und mit der Eigelb-Wasser-Mischung bestreichen. Nach Wahl mit Sesam, Kümmel und/oder Mohn bestreuen oder unbestreut lassen. Im vorgeheizten Backofen bei 190 °C knapp 30 Minuten backen.

# Englische Muffins

*1 EL Zucker · 60 ml lauwarmes Wasser*

*1 Päckchen Trockenhefe · 120 ml Milch*

*1 geh. EL weiche Butter · 1 Ei*

*300 g Weizenvollkornmehl · 300 g Spätzlemehl*

*$^1/_2$ TL Salz · 1 Prise Ingwerpulver*

*Öl für die Schüssel und die Pfanne*

*Mehl für die Arbeitsfläche*

*grobes Maismehl zum Wenden*

Den Zucker im warmen Wasser auflösen, die Hefe einrühren und gehen lassen, bis sich Schaum gebildet hat. Milch und Butter lauwarm werden lassen, in die Hefelösung einrühren, das leicht geschlagene Ei unterrühren. Vollkornmehl, Salz und Ingwer hinzufügen. Mit dem restlichen Mehl nach und nach zu einem glatten, glänzenden Teig verkneten, der nicht mehr kleben darf. Eventuell etwas mehr Spätzlemehl einkneten.

In eine eingeölte Schüssel legen und drehen, bis die ganze Oberfläche leicht mit Öl bedeckt ist. Mit einem feuchten Tuch bedeckt an einem warmen, zugfreien Ort mindestens 2 Stunden gehen lassen, bis das Volumen verdoppelt ist.

Wieder kurz kneten und auf einer bemehlten Fläche gut 1 cm dick ausrollen. Kreise von 8–10 cm Durchmesser ausstechen. Die Arbeitsfläche dick mit Maismehl bestreuen und die Kreise darin wenden. Nochmals kurz gehen lassen.

Eine große flache, beschichtete Bratpfanne leicht einölen und auf mittlere Temperatur erhitzen. Die Muffins darin etwa 8 Minuten pro Seite bräunen. Wenig Fett verwenden.

# Blaubeer-Muffins

| |
|---|
| 350 g Weizenvollkornmehl |
| 350 g Weizenmehl Type 450 |
| 250 g Rohrzucker |
| 1 Prise Salz |
| 1 gestr. EL Zimt |
| 1 Prise gemahlene Nelken |
| 4 TL Backpulver · 2 TL Natron |
| 350 ml Buttermilch |
| 60 g geschmolzene Butter |
| 2 große Eier |
| 500 g Heidelbeeren (frisch oder TK) |
| Öl für die Form |

Beide Mehlsorten, den Zucker bis auf 2 Eßlöffel, Salz, Zimt, gemahlene Nelken, Backpulver und Natron in einer Schüssel gut vermischen. In einer zweiten Schüssel Buttermilch, geschmolzene Butter und Eier mit dem Handrührgerät glatt rühren.

Diese Mischung zu der Mehlmischung geben und gut verrühren. Heidelbeeren schnell und vorsichtig einrühren.

Ein Muffinblech (beschichtetes Backblech mit Vertiefungen) einfetten. Den Teig in die Vertiefungen einfüllen, so daß diese zu etwa zwei Dritteln voll sind. Die Teigmenge ergibt 12–18 Muffins.

Die Muffins im vorgeheizten Backofen bei 180 °C etwa 30 Minuten backen.

# Mexikanische Brote

## Maistortillas
### (Maisfladen)

| |
|---|
| *250 g feines Polentamehl* |
| *Salz* |
| *gut 300 ml Wasser* |
| *Mehl für die Arbeitsfläche* |
| *Öl für die Pfanne* |

Mehl und Salz mischen und nach und nach mit dem Wasser zu einem weichen, aber festen Teig kneten. Zwölf Bälle daraus formen und kalt stellen.

Nach etwa 1 Stunde die Bälle auf bemehlter Fläche zu dünnen Pfannkuchen ausrollen und jeden in eine Pfanne in wenig Öl von beiden Seiten 1–1 $1/2$ Minuten backen. Warm stellen, bis alle Tortillas gebacken sind.

Mit Salat, Tomaten, Fisch, Chili con Carne oder dergleichen servieren.

# Weizentortillas
### (Weizenfladen)

| |
|---|
| 750 g Weizenmehl Type 405 mit Kleie |
| 80 ml Olivenöl |
| 1 TL Salz |
| 250 ml lauwarmes Wasser |
| Mehl für die Arbeitsfläche |

Das Mehl in eine Schüssel geben und das Öl mit einer Gabel einarbeiten, bis es gut verteilt und das Mehl krümelig ist.

Salz mit dem Wasser mischen und zum Mehl geben. Mit den Händen verkneten, bis sich aus dem Teig eine Kugel formen läßt. Auf einer Arbeitsfläche etwa 5 Minuten weiterkneten, bis der Teig glatt und elastisch ist. Teig wieder in die Schüssel legen und zugedeckt an einem warmen Platz etwa 2 Stunden ruhen lassen.

Teig in zwölf Teile teilen. Jedes zu einem Ball rollen, flach drücken und auf einer bemehlten Arbeitsfläche zu einem dünnen Fladen von etwa 20 cm Durchmesser ausrollen.

In einer Gußeisenpfanne bei mittlerer Hitze ohne Fettzugabe von jeder Seite etwa 30 Sekunden backen.

*Tip:* Die Tortillas lassen sich gut aufwärmen.

# Tacos
### (Gefüllte Maisfladen)

Tacos sind gefüllte Tortillas. Man kann sie kalt oder heiß essen und die Füllung ganz nach Belieben zusammenstellen. Geeignet sind grüne oder rote Salsa, Avocadocreme, Tomatenwürfel, verschiedene Salate, gebratene Filetstreifen, gebratene Hähnchenwürfel, gebratene Austernpilze oder Champignons, Shrimps, Bratfisch, saure Gurken, Relish, würzig abgeschmeckte saure Sahne und, und, und …

# Tostadas
### (Gefüllte Maisfladen aus dem Ofen)

Tostadas sind knusprig aufgebackene oder gegrillte Tortillas, die anschließend wie Tacos pikant gefüllt werden. Es empfiehlt sich, die Tortillas vor dem Aufbacken in der Mitte zu falten, damit sie bereits vorgeformt werden und man sie später besser füllen kann.

# Mexikanisches Maisbrot

| |
|---|
| *2 Eier* |
| *75 ml Olivenöl oder Maisöl* |
| *1 kleine Dose junge Maiskörner* |
| *150 g Sahne* |
| *1 EL Zitronensaft* |
| *250 g feines Maismehl* |
| *$^1/_2$ TL Salz* |
| *2 TL Backpulver* |
| *100 g Käse (z. B. junger Gouda, Cheddar)* |
| *2 klein gehackte Chilischoten (am besten Jalapeños)* |
| *Öl für die Form* |

Die Eier mit dem Öl schaumig rühren, nach und nach alle anderen Zutaten unterrühren, bis ein glatter Teig entstanden ist. In eine eingefettete Kastenform füllen und das Brot im vorgeheizten Backofen bei 175 °C etwa 1 Stunde backen.

# Sopaipillas
## (Süße fritierte Maisfladen)

| | |
|---|---|
| TORTILLATEIG: | |
| *wie im vorhergehenden Rezept* | |
| ZUSÄTZLICH: | |
| *2 TL Zucker* | |
| *1 EL Backpulver* | |
| *Öl zum Fritieren* | |
| *flüssiger Blütenhonig oder Puderzucker* | |

Einen Tortillateig wie im Rezept auf Seite 130 zubereiten, jedoch unter Zugabe von Zucker und Backpulver.

Die ausgerollten Fladen in Dreiecke schneiden und diese in heißem Öl ausbacken. Dabei mit einem Löffel unter das Öl drücken, so daß sie rundum bräunen.

Auf Küchenpapier abtropfen lassen und mit Honig tränken oder mit Puderzucker bestäuben.

# Bolillos
## (Mexikanische Weizenbrötchen)

| |
|---|
| *1 EL weiche Butter* |
| *1 gestr. EL Zucker* |
| *250 ml Wasser* |
| *1 TL Salz* |
| *1 ¹/₂ Päckchen Trockenhefe* |
| *750 g Weizenmehl* |
| *Öl für die Schüssel* |
| *Öl und Mehl für das Blech* |
| *etwas Maisstärke, in Wasser gelöst, zum Bestreichen* |

Butter, Zucker, Wasser und Salz vermischen und unter Rühren leicht erwärmen. Hefe einrühren und die Mischung 10 Minuten gehen lassen.

Das Mehl hinzugeben und alles kräftig zu einem glatten, elastischen Teig verkneten. In eine eingeölte Schüssel geben und darin wenden, bis der ganze Teig von einer leichten Ölschicht bedeckt ist. 2–3 Stunden zugedeckt an einem warmen Ort gehen lassen, bis sich das Volumen verdoppelt hat.

Nochmals kurz durchkneten, in acht bis zehn Portionen teilen, diese zu Kugeln formen und dann in eine längliche Form bringen. Auf einem eingefetteten und bemehlten Backblech verteilen. Die Oberfläche mit der Stärkelösung einpinseln und die Bolillos bei 180 °C über Dampf in gut 30 Minuten hell goldbraun backen.

# Brote aus dem vorderen Orient

## Mazzos
### (Ungesäuertes jüdisches Brot)

Mazzos werden in der jüdischen Fastenzeit gebacken, zur Erinnerung an den Auszug aus Ägypten.

Für Mazzos wird kein Treib- und Säuerungsmittel verwendet, man braucht lediglich besonderes Mazzemehl und Wasser. Beides wird zu einem festen Teig verknetet und auf einer dicken Mehlschicht oder auf Backpapier bei niedriger Temperatur mehr getrocknet als gebacken.

# Barches
## (Jüdischer Hefezopf)

Dieses Brot, auch Sabbatbrot genannt, wird für den jüdischen Kult- und Hausgebrauch gebacken.

| |
| --- |
| *1–2 größere mehlige Kartoffeln* |
| *1 Würfel Hefe (42 g)* |
| *$^1/_8$ l lauwarmes Wasser* |
| *1 TL Zucker* |
| *1 kg Weizenvollkornmehl* |
| *1 TL Salz · 1 EL Öl* |
| *1 verquirltes Ei zum Bestreichen* |

Die Kartoffeln kochen, schälen und durch ein Sieb passieren. Die Hefe in das lauwarme Wasser bröseln, Zucker dazugeben und gut verrühren.

Mehl, Kartoffeln und Salz in einer Schüssel vermischen, in die Mitte eine Kuhle drücken und die Hefelösung hineingießen. Von den Rändern her zu einem glatten Teig verkneten. Während des Knetens nach und nach das Öl und eventuell noch etwas lauwarmes Wasser hinzufügen. 2 Stunden zugedeckt gehen lassen

Nochmals kurz durchkneten, in drei Stränge teilen und diese zu einem Zopf flechten. Nochmals 30 Minuten gehen lassen und mit verquirltem Ei bestreichen. Das Brot im vorgeheizten Backofen bei 180 °C etwa 1 Stunde backen.

# Challah
## (Jüdisches Eierbrot)

| |
|---|
| *2 Päckchen Trockenhefe* |
| *120 g Zucker · 1/2 l lauwarmes Wasser* |
| *120 ml Öl · 2 TL Salz* |
| *5 Eier · 2 kg Weizenmehl* |
| *Mehl für die Arbeitsfläche* |
| *Öl für die Schüssel und das Blech* |
| *1 Ei, mit Wasser verquirlt, zum Bestreichen* |

Hefe und 1 Eßlöffel Zucker in das Wasser rühren und 10 Minuten stehen lassen. Restlichen Zucker, Öl, Salz und die Eier hinzufügen und kräftig verquirlen.

Nach und nach das Mehl einrühren und auf einer bemehlten Arbeitsfläche zu einem weichen, elastischen, glatten Teig verkneten. Eventuell noch etwas Mehl zugeben, bis der Teig nicht mehr klebt. In einer eingeölten Schüssel zugedeckt mindestens 2 Stunden gehen lassen.

Nochmals kurz durchkneten und in sieben Portionen teilen, vier größere und drei kleinere. Die größeren Stücke zu langen Strängen formen und zu einem Zopf flechten. Jetzt die kleineren Teigportionen zu gleich langen Strängen formen, ebenfalls zu einem Zopf flechten und auf den anderen legen. Nochmals 1 Stunde zugedeckt gehen lassen.

Den Zopf mit der Ei-Wasser-Mischung bestreichen. Im vorgeheizten Backofen auf leicht eingeöltem Blech bei 180 °C knapp 1 Stunde backen.

# Beigel-Grundrezept
### (Jüdischer Hefering)

Auch dieses Hefegebäck gehört zu den typischen jüdischen Broten.

| |
|---|
| 2 EL Zucker |
| $^1/_2$ l lauwarme Milch |
| 2 Würfel Hefe (42 g) |
| 1 kg Weizenmehl |
| 1 gestr. EL Salz · 2 Eier |
| 125 g weiche Butter |
| 1 Eigelb, mit etwas Milch verquirlt, zum Bestreichen |
| nach Wahl: Kümmelsamen, Sesamsamen, Mohn und/oder grobes Meersalz zum Bestreuen |
| Öl und Mehl für das Blech |

Den Zucker in die Milch rühren, die Hefe hineinbröseln und vollständig auflösen. 15–20 Minuten gehen lassen.

Das Mehl mit Salz mischen, in eine Schüssel geben, in die Mitte eine Kuhle drücken und dort die Hefelösung hineingießen. Vom Rand her etwas Mehl einrühren und 1 Stunde zugedeckt gehen lassen.

Jetzt mit dem restlichen Mehl unter allmählicher Zugabe der Eier und der Butter zu einem glatten, geschmeidigen Teig verkneten, der nicht mehr kleben darf. 2 Stunden zugedeckt an einem warmen Platz gehen lassen.

Nochmals kurz durchkneten und entweder in zwei große oder in etwa 20 kleine Portionen teilen. Die Portionen zu Strängen und dann in Ringe formen.

Danach in einem großen Topf reichlich Wasser zum Kochen bringen und die Beigel für 3–5 Sekunden in das leicht kochende Wasser geben. Herausnehmen, abtopfen lassen, mit der Eigelb-Milch-Mischung bestreichen und nach Wahl bestreuen. Auf einem eingefetteten bemehlten Backblech bei 190 °C in etwa 25 Minuten hell goldbraun backen. Große Beigel brauchen etwa 1 Stunde.

# Beigel-Rezeptvariante
## (Jüdisch-amerikanischer Hefering)

| |
| :---: |
| *1 kg Weizenmehl · ¹/₂ Päckchen Trockenhefe* |
| *1 TL Salz · 150 ml lauwarmes Wasser* |
| *2 EL flüssiger Blütenhonig* |
| *3 EL Öl · 1 Ei* |
| *Mehl für die Arbeitsfläche* |
| *Öl für die Schüssel* |
| *Öl und Mehl für das Blech* |

Die Hälfte des Mehls mit Hefe und Salz verrühren, lauwarmes Wasser und Honig einrühren, Öl und Ei dazugeben und mit dem Handrührer sehr glatt rühren.

Nach und nach das restliche Mehl einkneten, bis der Teig weich und glatt ist. Auf einer bemehlten Arbeitsfläche weiterkneten, bis der Teig elastisch ist und nicht mehr klebt. Eine Schüssel einölen, den Teig hineinlegen und etwa 2 Stunden gehen lassen.

Nochmals kurz durchkneten. In etwa zehn Portionen teilen und jede Portion zu einem Strang von etwa 12–15 cm Länge rollen. Die Enden aneinander kneten und die Beigel auf einem bemehlten Brett nochmals eine knappe Stunde gehen lassen.

Danach in einem großen Topf reichlich Wasser zum Kochen bringen und die Beigel in das leicht kochende Wasser gleiten lassen. Wenn sie aufschwimmen, umdrehen und etwa 3 Minuten kochen.

Herausnehmen und auf einem eingefetteten bemehlten Backblech bei 190 °C in etwa 25 Minuten hell goldbraun backen.

# Ägyptisches Brot

| |
|---|
| 1 kg Weizenvollkornmehl |
| 1 Päckchen Trockenhefe |
| 1 große Prise Salz |
| ca. $^1/_2$ l Wasser |
| Mehl für die Arbeitsfläche |

Mehl, Hefe und Salz gut vermischen, nach und nach Wasser dazugeben und zu einem glatten, geschmeidigen Teig verkneten. Zugedeckt gut 1 Stunde gehen lassen.

Nochmals kurz kneten. In drei bis vier Portionen teilen und jede auf bemehlter Fläche zu einem Fladen von etwa 5 mm Stärke ausrollen. Die Fladen sollen 15–20 cm Durchmesser haben. Nochmals 30 Minuten gehen lassen und im vorgeheizten Backofen bei 200 °C gut 5 Minuten backen.

*Tip:* In Ägypten werden diese Brote gerne aufgeschnitten und mit einer Füllung aus gewürztem Hackfleisch oder Schafkäse serviert.

# Pittabrot

Dieses Fladenbrot wird in der Türkei gerne mit allerlei pikanten Füllungen als Imbiß serviert.

| |
|---|
| *1 gestr. TL Trockenhefe* |
| *50 ml lauwarmes Wasser* |
| *1 TL Zucker* |
| *450 g Weizenmehl* |
| *$^1\!/_2$ TL Salz* |
| *200–300 ml Wasser* |
| *Mehl für die Arbeitsfläche und zum Bestreuen* |
| *Öl für die Schüssel* |

Die Hefe, warmes Wasser und Zucker zu einer Paste rühren und an einem warmen Platz zugedeckt 15–20 Minuten gehen lassen.

Mehl und Salz in einer Schüssel mischen, in die Mitte eine Vertiefung drücken und die Hefelösung hineinschütten. Von den Seiten her das Mehl einarbeiten und allmählich unter löffelweiser Zugabe von Wasser alles zu einem festen, elastischen Teig verkneten. Wenn der Teig nicht mehr an Händen und Schüsselwand klebt, auf einem bemehlten Arbeitsbrett mindestens 20, besser 25 Minuten kräftig kneten.

Eine große Schüssel leicht einölen, den zu einer Kugel geformten Teig hineinlegen, ringsum im Öl wenden, so daß die ganze Oberfläche bedeckt ist, mit einem feuchten Tuch abdecken und 2–3 Stunden gehen lassen.

Nochmals kurz durchkneten und in gut eigroße Stücke teilen. Auf einer bemehlten Arbeitsfläche jedes Stück zu kreisförmigen Fladen von 12 cm Durchmesser und $\frac{1}{2}$ cm Stärke ausrollen. Mit Mehl bestreuen, etwa 20 Minuten auf einem bemehlten Tuch gehen lassen.

Den Backofen auf 250 °C vorheizen, unten in den Ofen ein Schälchen mit Wasser stellen, so daß Dampf entsteht. Zwei oder drei Backbleche mit vorheizen.

Wenn der Backofen die volle Temperatur erreicht hat, die Pittabrote rasch auf die Bleche verteilen und 8–10 Minuten backen. Die Brote sollen hell goldgelb bis goldbraun, weich und in der Mitte hohl sein, damit man sie gut füllen kann. Hierfür eignet sich Falafel, Gyros, Döner, Knoblauchsauce, Salat usw.

# Arabisches Brot

| |
|---|
| *500 g Weizenvollkornmehl* |
| *1 TL Salz* |
| *175 ml Wasser* |
| *Mehl für die Arbeitsfläche* |
| *Öl zum Ausbacken* |

Mehl, Salz und Wasser miteinander vermischen und den Teig 10–20 Minuten kraftvoll kneten, bis er glatt und geschmeidig ist. Mit einem feuchten Tuch bedecken und 2 Stunden stehen lassen.

In etwa eigroße Portionen teilen und diese auf bemehlter Fläche zu runden, etwa 3 mm dicken Fladen ausrollen. Einzeln in ein trockenes Tuch einschlagen.

In einer schweren Pfanne Öl erhitzen und die Fladen darin einzeln von beiden Seiten ausbacken.

# Jemenitisches Brot

| |
|---|
| *500 g Weizenmehl* |
| *$^1/_2$ TL Salz* |
| *ca. 175 ml Wasser* |
| *200 g Butter* |
| *Öl zum Backen* |

Mehl, Salz und Wasser vermischen und zu einem glatten Teig verkneten. In zwei Portionen teilen, diese dünn ausrollen und vierteln.

Mit Butterflöckchen belegen und jedes Stück zu einem Ball zusammendrücken. 2 Stunden in den Kühlschrank stellen.

Danach jede Portion zu einem dünnen Fladen ausrollen. Die Fladen einzeln in einer schweren Pfanne mit etwas Öl von beiden Seiten goldbraun backen.

# Äthiopisches Brot

| |
|---|
| *1 kg fein gemahlene Hirse* |
| *2 Päckchen Trockenhefe* |
| *Wasser nach Bedarf* |
| *Öl zum Backen* |

Hirse, Hefe und Wasser zu einem zähflüssigen Teig verrühren, zugedeckt 3 Tage bei Zimmertemperatur gehen lassen. Der Teig soll gären.

Noch soviel Wasser dazugeben, daß die Konsistenz eines Omeletteteigs entsteht.

In einer schweren Pfanne Öl erhitzen und den Teig bei geschlossenem Deckel portionsweise zu Fladen backen. Der Teig muß dabei ganz trocken werden.

*Anmerkung:* In Äthiopien dienen diese Fladen sowohl als Teller wie auch als Löffel und Beilage.

# Armenisches Weißbrot

| |
|---|
| *500 g Weizenmehl* |
| *1 TL Salz* |
| *1 Prise Zucker* |
| *125 ml Wasser* |
| *2 EL weiche Butter* |
| *2 Eiweiß* |
| *2 EL Sesamsamen zum Bestreuen* |

Mehl, Salz und Zucker mischen. Mit Wasser, Butter und 1 Eiweiß zu einem steifen Teig verkneten. In acht Portionen teilen und diese auf einer bemehlten Fläche hauchdünn ausrollen. Auf ungefettete und unbemehlte Backbleche verteilen.

Das zweite Eiweiß zu einem lockeren Schnee schlagen und die Oberflächen der Brote damit bestreichen. Sesamsamen darüber streuen und im vorgeheizten Backofen bei 200 °C in knapp 10 Minuten hell goldbraun backen.

# Armenisches Vollkornbrot

| |
|---|
| *1 Päckchen Trockenhefe* |
| *100 ml warme Milch* |
| *1 TL Zucker* |
| *500 g Weizenvollkornmehl* |
| *1 TL Salz* |
| *50 g geschmolzene Butter* |
| *ca. 100 ml Wasser* |
| *Mehl für die Arbeitsfläche* |
| *nach Wahl: Anissamen, Kümmelsamen, Fenchel und/oder Sesamsamen zum Bestreuen* |

Die Hefe in der Milch auflösen, Zucker dazurühren. Mehl und Salz vermischen, die Hefelösung einrühren.

Nach und nach die Butter und soviel Wasser dazukneten, daß ein fester, glatter Teig entsteht. 2 Stunden zugedeckt an einem warmen Ort gehen lassen.

Den Teig in zwei oder vier Portionen aufteilen, diese auf bemehlter Fläche zu dünnen Fladen ausrollen. Auf ein mit Backpapier belegtes Blech legen und nochmals 30 Minuten gehen lassen.

Mit den Samen nach Wahl bestreuen und bei 200 °C im vorgeheizten Backofen 10–12 Minuten backen.

*Tip:* Wer möchte, kann die Samen auch in den Teig einarbeiten, statt sie zu Schluß aufzustreuen.

# Indische Brote

## Batti
### (Indische Schmalzbrötchen)

| |
|---|
| *200 g grobes Weizenvollkornmehl* |
| *50 g Kichererbsenmehl (gibt es in indischen Geschäften unter der Bezeichnung »Besan« oder »Gram Flour«)* |
| *4 EL heißes Butterschmalz* |
| *4 EL sehr fein gehackte Zwiebel* |
| *1 TL Salz* |
| *$^{1}/_{2}$ TL Kreuzkümmel* |
| *2–3 zerdrückte Knoblauchzehen* |
| *Wasser nach Bedarf* |
| *heißes Butterschmalz zum Bestreichen* |

Alle Zutaten gut vermischen, nach und nach Wasser zugeben und zu einem festen Teig kneten.

In acht Portionen aufteilen, zu Kugeln formen und mit dem Handballen in der Mitte etwas flach drücken.

Im vorgeheizten Backofen bei 220 °C auf Backpapier 15–20 Minuten backen.

Nach dem Backen jedes Batti mit heißem Butterschmalz bestreichen. Sofort noch heiß servieren.

# Naan
## (Indische Hefefladen)

Naan ist von allen Fladenbroten mein liebstes. Es gibt verschiedene Möglichkeiten der Zubereitung. Am besten schmeckt es natürlich aus dem indischen Tonofen, aber auch im Backofen kann man sehr schöne Resultate erzielen, die besten mit einem Rezept, bei dem Hefe verwendet wird.

| |
|---|
| $^1/_2$ Päckchen Trockenhefe |
| gut 200 ml lauwarmes Wasser |
| 1 $^1/_2$ TL Zucker |
| 1–2 EL Joghurt |
| 1 sehr kleines geschlagenes Ei |
| 3–4 EL geschmolzenes Butterfett |
| gut 400 g Weizenmehl |
| Öl für die Schüssel |
| nach Wahl: etwas Butterschmalz zum Bestreichen |
| nach Wahl: dunkle oder helle Sesamsamen, Zwiebelsamen und/oder Mohn zum Bestreuen |

Die Hefe in knapp der Hälfte Wasser auflösen, $^1/_2$ Teelöffel Zucker einrühren und 10 Minuten an warmer Stelle gehen lassen. Den Joghurt mit dem restlichen Zucker und Wasser, dem geschlagenen Ei und dem Butterfett glatt rühren, in die Hefelösung geben.

Die Hälfte des Mehls in eine Schüssel sieben, in die Mitte eine

Delle drücken, die Hefe-Joghurt-Mischung hineingießen und mit einem Holzlöffel das Mehl nach und nach untermischen und so lange schlagen, bis ein glatter und geschmeidiger Teig entstanden ist.

Jetzt allmählich das restliche Mehl hinzugeben. Wenn der Teig fest wird, mit den Händen weiterkneten, bis er glatt und elastisch ist. Er darf nicht mehr am Schüsselrand kleben. Den Teig zu einer Kugel formen und bei Raumtemperatur ruhen lassen. Nach kurzer Zeit eine Schüssel mit warmem Wasser anwärmen, austrocknen, gut einfetten, den Teig hineinlegen und so lange drehen, bis die Teigkugel rundherum eingefettet ist. Mit einem feuchten Tuch abdecken und an einem warmen, zugfreien Ort gehen lassen, bis sich das Volumen verdoppelt hat.

Den Teig in sechs bis acht Teile teilen, nochmals 10 Minuten gehen lassen. Den Backofen auf 230 °C vorheizen. Zwei ungefettete, mit Backpapier belegte Backbleche einschieben. Die Teigstücke zu runden Scheiben formen, die in der Mitte dünn, am Rand dicker sind, dann ein Ende länglich ziehen.

Die Fladen entweder auf die Backbleche verteilen wie sie sind, oder mit etwas geschmolzenem Butterschmalz einpinseln. Mit Samen nach Wahl bestreuen und in etwa 10 Minuten hellgelb backen.

*Tip:* Am besten schmeckt das Naan, wenn die Oberflächen von Luftblasen und dickeren Stellen eben anfangen, braun zu werden.

*Anmerkung:* Auch mit den folgenden Naan-Rezepten kann man mit einem guten Backofen sehr schöne Resultate erzielen:

# Naan aus Backpulverteig
## (Indische Hefefladen – Rezeptvariante)

| |
|---|
| *500 g Weizenmehl · Salz* |
| *$^1/_4$ TL Sodabikarbonat oder Natron* |
| *1 TL Backpulver* |
| *ca. 200 ml Wasser · 1 Ei · 10 g Zucker* |
| *25 g Joghurt · 50 ml Milch* |
| *25 ml Sonnenblumenöl* |
| *Mehl für die Arbeitsfläche · Öl für das Blech* |
| *Zwiebel-, Mohn- und/oder Sesamsamen* |

Mehl, Salz, Sodabikarbonat oder Natron und Backpulver mischen und in eine Schüssel sieben. Wasser dazugießen, alles vermischen und zum Teig kneten.

Das Ei mit Zucker, Joghurt und Milch schlagen und zum Mehl geben. Zu einem geschmeidigen Teig verkneten, der nicht mehr an den Fingern klebt. 10 Minuten mit einem feuchten Tuch bedeckt stehen lassen. Danach das Öl hineinkneten, den Teig einstechen, bedecken, und für 2 Stunden beiseite stellen.

In sechs Portionen aufteilen, diese zu Kugeln formen und auf leicht bemehlter Fläche mit den Samen nach Wahl bestreuen, leicht abflachen und für 5 Minuten zugedeckt beiseite stellen.

Dann jede Portion mit den Händen zu einer runden Scheibe formen und an einer Seite länglich ziehen wie einen Tropfen.

Im vorgeheizten Backofen die Naans bei 180 °C auf einem leicht eingefetteten Backblech 10 Minuten backen.

# Naan mit Vollkornmehl
## (Indische Vollkornfladen)

| |
|---|
| *1 Eiweiß · 1 TL Salz · 3 TL Zucker* |
| *6 TL warmes Distelöl · 150 g Joghurt* |
| *300 g Weizenmehl* |
| *100 g Weizenvollkornmehl* |
| *Wasser nach Bedarf* |
| *1 $\frac{1}{2}$ TL Sodabikarbonat oder Natron* |
| *30 EL Wasser* |
| *geschmolzene Margarine und geschlagenes Eiweiß zum Bestreichen* |
| *2 TL Sesamsamen, Mohn oder Zwiebelsamen zum Bestreuen* |

Eiweiß, Salz, Zucker, Distelöl und Joghurt mit gesiebtem Mehl und Vollkornmehl mischen. Mit etwas Wasser geschmeidig kneten. Mit einem feuchten Tuch bedeckt 30 Minuten stehen lassen.

Den Backofen vorheizen. Sodabikarbonat oder Natron in den 3 Eßlöffeln Wasser auflösen und in den Teig kneten. Acht Kugeln formen.

Mit etwas geschmolzener Margarine und geschlagenem Eiweiß bestreichen. Mit nassen Händen zu Scheiben formen und auf einer Seite langziehen. Samen nach Wahl auf die Oberflächen streuen und mit einem Messerrücken Streifen eindrücken. Ein Backblech einfetten und bemehlen, darauf die Naans bei 160–170 °C in etwa 10 Minuten goldbraun backen.

# Roti
## (Vollkornfladen)

| |
|---|
| *175 g Weizenmehl* |
| *60 g Weizenvollkornmehl* |
| *1 TL Salz* |
| *3 EL geschmolzenes Butterschmalz* |
| *lauwarmes Wasser nach Bedarf* |
| *Mehl für die Arbeitsfläche* |

Mehl, Salz und Fett gut miteinander vermischen und soviel Wasser hinzufügen, daß sich ein fester Teig kneten läßt. Das dauert etwa 10–15 Minuten.

Teig zu einer Kugel formen, mit einem feuchten Tuch abdecken und mindestens 1 Stunde, besser über Nacht, ruhen lassen.

Vor dem Backen den Teig in Stücke von der Größe eines Golfballs aufteilen und diese auf einer bemehlten Fläche zu Kreisen von 12–13 cm Durchmesser ausrollen.

Eine gußeiserne Pfanne sehr stark erhitzen. Die Fladen darin der Reihe nach ohne Zugabe von Fett goldbraun backen: erst auf einer Seite 2–3 Minuten, dann auf der anderen 1 Minute. Die fertigen Rotis in ein Tuch einschlagen und in einem geschlossenen, warmen Topf aufbewahren, bis alle Brote gebacken sind.

# Alu Roti
## (Vollkornfladen mit Kartoffelfüllung)

| |
|---|
| *8 Rotis nach voranstehendem Rezept* |
| FÜLLUNG: |
| *4 mittelgroße mehlige Kartoffeln* |
| *1 kleine geriebene Zwiebel* |
| *1 TL Salz* |
| *1 Prise schwarzer Pfeffer* |
| *1 TL gehackte Koriander- oder Petersilienblätter* |
| *Butterschmalz zum Backen* |

Die Rotis nach dem Rezept auf Seite 154 zubereiten, jedoch noch nicht backen.

Die Kartoffeln kochen, schälen und zerdrücken. Gründlich mit allen anderen Zutaten vermischen.

Auf die Mitte eines jeden Roti ein Achtel der Kartoffelmasse legen, den Teig darum herum falten und gut zusammendrücken. Erneut zu einem runden Fladen formen.

Wegen der Füllung die Pfanne nicht zu stark erhitzen und etwas Butterschmalz hineingeben. Die Rotis bei mittlerer bis starker Hitze von beiden Seiten goldbraun braten.

# Makki Ki Roti
## (Maisfladen)

| |
|---|
| *250 g Maismehl* |
| *50 g Weizenmehl* |
| *1 gestr. TL Salz* |
| *2–3 EL gehackte Koriander- oder Petersilienblätter* |
| *40 ml lauwarmes Wasser* |
| *Mehl zum Bestreuen und für die Arbeitsfläche* |

Beide Mehlsorten und das Salz gründlich miteinander vermischen, Koriander oder Petersilie hinzufügen. Allmählich das Wasser zugeben und kräftig kneten, bis ein glatter, geschmeidiger Teig entsteht.

In acht Teile teilen, diese flach drücken, mit etwas Mehl bestreuen und auf einer bemehlten Fläche recht dünn ausrollen.

Eine gußeiserne Pfanne stark vorheizen, und die Fladen darin der Reihe nach ohne Fett von beiden Seiten goldbraun backen. In einem geschlossenen Topf warm halten.

# Rotis auf Kaschmir-Art
## (Fladenbrot mit Gewürzen)

| |
|---|
| *250 g Weizenmehl* |
| *1 TL Salz* |
| *1 TL Pfeffer* |
| *$^1/_2$ TL Anis* |
| *$^1/_2$ TL Kümmelsamen* |
| *1 Prise Asafötida* |
| *1 Prise Kreuzkümmel* |
| *warme Milch nach Bedarf* |
| *Mehl für die Arbeitsfläche* |
| *Butterschmalz zum Backen* |

Mehl, Salz und alle Gewürze gut vermischen. Allmählich warme Milch zugeben und zu einem festen Teig verkneten.

In zehn Portionen aufteilen und jede auf bemehlter Fläche zu einem runden Fladen von etwa $^1/_2$ cm Stärke ausrollen. Mit einer Gabel mehrmals leicht einstechen.

Bei mäßiger Hitze in einer vorgeheizten gußeisernen Pfanne unter häufigem Wenden backen. Während des Backens immer wieder geringe Mengen Butterschmalz in die Pfanne geben, um ein Anbrennen zu verhindern.

# Puri
### (Fritierte Fladenbrote)

Puri sieht für uns nicht wie Brot, sondern eher wie Schmalzgebackenes aus, wird aber in Indien als Brot verwendet – und schmeckt einfach herrlich!

| |
|---|
| *3 mehlige Kartoffeln* |
| *150 g Weizenmehl* |
| *4 EL Joghurt* |
| *1 gestr. TL Salz* |
| *1–2 EL Butterschmalz* |
| *lauwarmes Wasser nach Bedarf* |
| *Mehl für die Arbeitsfläche* |
| *Öl zum Fritieren* |

Die Kartoffeln kochen, schälen und sehr fein zerdrücken. Mit Hilfe einer Gabel mit Mehl, Joghurt, Salz und dem Butterschmalz gut vermischen. Unter Zugabe von warmem Wasser zu einem weichen, geschmeidigen Teig kneten.
In zwölf Portionen aufteilen, Kugeln formen und auf bemehlter Fläche zu Fladen von 10–12 cm Durchmesser ausrollen.
Im heißen Öl einzeln hell goldbraun fritieren. Die Puris blähen sich während des Fritierens stark auf und schmecken am besten gleich danach, ehe sie wieder zusammengefallen sind.

*Tip:* Wer möchte, kann in den Teig – ganz nach Geschmack – auch einzelne Gewürze wie etwa Kardamom oder Ingwer einkneten.

# Paratha
## (Geschichtetes Brot)

*250 g Weizenmehl · 1 TL Salz · ca. 150 ml lauwarmes Wasser*

*Mehl für die Arbeitsfläche*

*3 EL weiches Butterschmalz zum Bestreichen*

In einer Schüssel das Mehl mit dem Salz und der Hälfte des Wassers zu einem weichen Teig verkneten. 15 Minuten weiterkneten, allmählich das übrige Wasser zugeben und dabei immer wieder den Teig flach drücken und zusammenfalten. 10 Minuten zugedeckt ruhen lassen.

In acht Portionen aufteilen und zu Kugeln formen, diese auf einer bemehlten Fläche zu Fladen von etwa 12 cm Durchmesser ausrollen. Die Oberflächen mit etwas Butterschmalz bestreichen. Jeden Fladen zu einem Halbkreis falten, wieder bestreichen und in der gleichen Richtung nochmals falten. Die entstandenen Röhren jeweils zweimal umbiegen und wieder zu Fladen ausrollen.

Die Fladen in einer heißen gußeisernen Pfanne ohne Fett von jeder Seite kurz anbraten, mit Butterschmalz bestreichen und nochmals braten, bis beide Seiten goldbraun sind.

*Tip:* Verwenden Sie statt Weizenmehl Dinkelmehl mit seinem aromatischen Geschmack. Zudem können Sie die Teigfladen vor dem Falten zusätzlich zum Butterschmalz auch dünn mit einer Mischung aus gekochten, zerdrückten Kartoffeln, etwas geriebener Zwiebel und gemahlenen Granatapfelsamen (gibt es in indischen Geschäften zu kaufen) belegen.

# Bhatura
## (Fritierte Gewürzfladen)

| |
|---|
| 100 g Weizenvollkornmehl |
| 100 g Weizenmehl Type 405 |
| 1 TL Natron · $^1/_2$ TL Salz · 1 TL Zucker |
| 3 EL saure Sahne (zimmerwarm) |
| 1 EL warmes Butterschmalz |
| 8 EL lauwarmes Wasser |
| 1 TL fein gehackte Chilischoten |
| 2 EL fein gehackte Zwiebel |
| 2 EL fein gehackte Petersilie |
| 1 kräftige Prise Garam Masala (Currygewürzmischung, gibt es in indischen Geschäften) |
| 1 kleine zerdrückte Knoblauchzehe |
| Mehl für die Arbeitsfläche |
| Öl zum Fritieren |

Mehl, Natron und Salz gut miteinander vermischen. Mit Zucker, saurer Sahne, Butterschmalz und Wasser zu einem weichen Teig verkneten, bis dieser nicht mehr klebt. Mit einem feuchten Tuch zugedeckt 5–6 Stunden an einem warmen Ort ruhen lassen.

Alle Würzzutaten in den Teig kneten, in zehn bis zwölf Portionen aufteilen, zu Kugeln formen und auf bemehlter Fläche zu Fladen von etwa 10 cm Durchmesser ausrollen.

Zudecken und einzeln fritieren, bis sich die Bhaturas aufblähen und hell goldbraun werden.

# Bakarkhani
## (Mohnfladen)

| |
|---|
| *4 TL Trockenhefe· 1 EL Zucker* |
| *800 ml warme Milch · 400 g Weizenmehl* |
| *100 g Crème double · 1 TL Salz* |
| *1 TL gemahlener Kardamom · 2 kleine Eier* |
| *100 g Milchpulver · 2 EL Wasser* |
| *Öl für die Schüssel · Mehl für die Arbeitsfläche* |
| *geschmolzene Butter zum Bestreichen* |
| *2 EL Mohn · Butterschmalz zum Backen* |

Hefe und Zucker mit einem Drittel der Milch vermischen und 10 Minuten gehen lassen. Alle anderen Zutaten außer der restlichen Milch und dem Mohn miteinander vermischen. Die Hefelösung und die restliche Milch allmählich unter ständigem Kneten zugeben, bis ein glatter Teig entstanden ist. In einer eingeölten Schüssel zugedeckt über Nacht gehen lassen.

In zehn Portionen aufteilen, flach drücken, auf bemehlter Fläche zu Fladen ausrollen, mit geschmolzener Butter bestreichen, zu Halbkreisen falten, wieder bestreichen, in der gleichen Richtung nochmals falten. Glatt ziehen und zu einer Spirale drehen. Zu einer Kugel formen und zu einem tellergroßen Fladen ausrollen. Nochmals mit Butterschmalz bestreichen und mit dem Mohn bestreuen.

In einer mit Butterschmalz gefetteten gußeisernen Pfanne einzeln backen, während des Backens immer wieder wenig Butterschmalz zugeben, um ein Anbrennen zu verhindern.

# Chapati
## (Indische Weizenfladen)

Es gibt einfach keine nordindische Mahlzeit ohne Chapatis!

| |
|---|
| *250 g feines Weizenvollkornmehl* |
| *1 TL Salz* |
| *ca. 150 ml lauwarmes Wasser* |
| *Mehl zum Bestäuben und für die Arbeitsfläche* |

In einer Schüssel Mehl und Salz mit der Hälfte des Wassers zu einem weichen Teig verkneten. 15 Minuten weiterkneten, allmählich in geringen Mengen das übrige Wasser zugeben und dabei immer wieder den Teig flach drücken und zusammenfalten. 10 Minuten zugedeckt ruhen lassen.
In acht Portionen aufteilen und zu Kugeln formen, diese mit etwas Mehl bestäuben, mit der Hand flach drücken und auf einer bemehlten Fläche zu Fladen von etwa 12 cm Durchmesser ausrollen.
Ohne Fett in einer sehr heißen gußeisernen Pfanne backen, bis die Oberfläche kleine Blasen wirft und auf der Unterseite braune Flecken auftreten. Umdrehen und von der anderen Seite kurz zu Ende backen.

*Tip:* Chapati kann trocken gegessen oder mit Butter bestrichen werden.

# Schmackhaftes aus Brot

## Brotsuppe

| |
|---|
| FÜR 4 PERSONEN: |
| 1 Bund Wurzelgemüse |
| 1 kleine Zwiebel |
| 1–2 EL Olivenöl |
| klein gewürfeltes Brot – am besten verschiedene Sorten |
| 1 TL Kümmel- oder Koriandersamen |
| 1 l Wasser oder Brühe |
| 1 EL Crème fraîche |
| Pfeffer · Salz |
| frische Petersilie |

Das Wurzelgemüse putzen und hacken, die Zwiebel schälen und hacken und beides im heißen Öl glasieren. Die Brotwürfel dazugeben und kräftig anbraten. Kümmel oder Koriander hinzugeben, mit Wasser aufgießen und einige Minuten köcheln lassen.

Die Suppe durch ein Sieb passieren, mit Crème fraîche, Pfeffer und Salz abschmecken und reichlich gehackte Petersilie einrühren.

# Semmelsuppe

| FÜR 4 PERSONEN: |
| --- |
| *4–5 altbackene Milchbrötchen* |
| *1 EL Butter* |
| *1 l Fleischbrühe* |
| *Pfeffer* |
| *Salz* |
| *1 Eigelb, mit 1–2 EL Sahne verquirlt,<br>zum Bestreichen* |

Die Kruste von den Milchbrötchen abreiben. Die Brötchen in dünne Scheiben scheiden, in der heißen Butter goldgelb anbraten, mit der Fleischbrühe aufgießen.

Köcheln, bis die Brötchen breiig geworden sind. Gut verquirlen und mit Pfeffer und Salz abschmecken.

Die Suppe vom Herd nehmen und mit dem verquirlten Eigelb abziehen.

# Brotpudding

| |
|---|
| 100 g dunkles Brot |
| 1 Schuß Rum |
| 6 Eier · 80 g Zucker |
| 75 g geriebene Mandeln |
| 1 TL Zitronat |
| abgeriebene Schale $^1/_2$ Zitrone |
| 1 Prise Zimt |
| 1 Prise gemahlene Nelken |
| Fett und Semmelbrösel für die Form |

Das Brot fein schneiden oder reiben und mit dem Rum vermischt ziehen lassen.

Eier trennen. Die Eigelbe mit dem Zucker sehr schaumig rühren, mit Mandeln, fein geschnittenem Zitronat, Zitronenschale und den Gewürzen vermischen.

Eiweiße zu sehr festem Schnee schlagen, die Eigelbmischung und das Schwarzbrot unterheben und das Ganze in einer gefetteten Puddingform im kochenden Wasserbad gut 1 Stunde garen.

*Anmerkung:* Sie können dieses Rezept auch als Auflauf zubereiten. Dazu füllen Sie die Masse in eine gefettete und mit Bröseln ausgestreute Auflaufform, belegen die Oberfläche mit Butterflöckchen und backen den Aufkauf im vorgeheizten Ofen bei 200 °C etwa 1 Stunde.

*Tip:* Dazu passen heiße Himbeeren.

# Brotsalat

| FÜR 4 PERSONEN: |
| :---: |
| *1 kleine Aubergine* |
| *Salz* |
| *Fritieröl* |
| *1 kleines Baguette* |
| *1 Schuß Olivenöl* |
| *100 g milder roher Schinken* |
| *20 entsteinte schwarze Oliven* |
| *1 Zwiebel* |
| *1 TL Majoran* |
| *$^1/_2$ TL Rosmarin* |
| *frisch gemahlener schwarzer Pfeffer* |
| *1 Schuß Weinessig* |

Die Aubergine in kleine Würfel schneiden, dick mit Salz bestreuen, 30 Minuten ziehen lassen, abspülen, abtrocknen und fritieren.

Das Baguette würfeln und im Olivenöl goldbraun rösten.

Den Schinken sehr fein hacken, Oliven und Zwiebel in feine Ringe schneiden.

Alle Zutaten unmittelbar vor dem Servieren vermischen, damit das Brot nicht durchweicht.

# Brotauflauf

| |
|---|
| |
| *500 g Brotreste* |
| *100 g Wammerl* |
| *1 Bund Wurzelgemüse* |
| *1 Dose Champignons* |
| *1 Handvoll Erbsen* |
| *50 g Butter* |
| *$^1/_2$ l Milch* |
| *3 Eier · 2 Nelken* |
| *$^1/_4$ Stange Zimt* |
| *1 TL Majoran* |
| *Pfeffer · Salz* |
| *Butter für die Form* |
| *50 g geriebener Käse* |

Brotreste, Wammerl und Wurzelgemüse würfeln. Die Champignons abtropfen lassen und in Scheiben schneiden. Erbsen und Wammerl in der Butter andünsten. Die Milch mit Eiern, Nelken, Zimt und Majoran verquirlen, mit Salz und Pfeffer würzen.

Brot, Fleisch und Gemüse in eine leicht eingebutterte Bratschüssel geben, mit der Milchmischung übergießen und mit dem Käse bestreuen.

Den Auflauf im vorgeheizten Backofen bei 180 °C etwa 40 Minuten backen.

# Arme Ritter
### (Brotscheiben in Ei ausgebacken)

FÜR 4 PERSONEN:

*4 Eier · etwas Milch · Pfeffer und Salz*

*4 Scheiben Toast oder dünn geschnittenes Weißbrot*

*Butter oder Olivenöl zum Braten*

Die Eier mit Milch, Salz und Pfeffer verquirlen, die Brotscheiben darin einweichen und dann im heißen Fett von beiden Seiten braten. Übriges Rührei darüber gießen und mitbraten.

# Sonne im Schnee
### (Schinken-Käse-Toast mit Eihaube)

FÜR 4 PERSONEN:

*4 Scheiben Bauernbrot · Butter · 4 Scheiben Schinken*

*4 Scheiben Käse · 4 Eier · 1 Prise Muskat*

Die Brotscheiben leicht mit Butter bestreichen, mit Schinken
und Käse belegen und im Grill kurz rösten.
Inzwischen die Eier trennen. Eigelbe vorsichtig in Likörgläser
gleiten lassen. Die Eiweiße sehr steif schlagen, auf die Brote
verteilen, in die Mitte jeweils eine Kuhle drücken, die Eigelbe
hineinsetzen. Etwas Muskat darüber reiben und die Brote
übergrillen, bis sich die Eiweißspitzen goldbraun färben.

# Croûtons

Croûtons dienen als Garnitur für Saucen, als Einlage für cremige Suppen und können zu Steak und Eierspeisen gereicht werden.

| |
|---|
| *Toast, Baguette, Weizensemmeln oder Ciabatta* |
| *Knoblauch* |
| *Rosmarin* |
| *Pfeffer* |
| *Salz* |
| *Olivenöl zum Braten* |

Brot oder Semmeln in Würfel von 1 cm Kantenlänge schneiden, mit den Gewürzen vermischen und im heißen Olivenöl rundum goldbraun braten.

Was nicht sofort verbraucht wird, in Alufolie gewickelt im Kühlschrank aufbewahren oder einfrieren und bei Bedarf nochmals in der Folie erhitzen.

# Semmelknödel

| FÜR 4 PERSONEN: |
| --- |
| *8 Weizensemmeln* |
| *$^1/_4$ l Milch* |
| *2 EL Butter* |
| *1 Zwiebel* |
| *nach Geschmack 1–2 EL klein geschnittenes Wammerl* |
| *1 Handvoll gehackte Petersilie* |
| *3 Eier* |
| *1 Prise Pfeffer · 1 TL Salz* |
| *evtl. 1 EL Mehl* |

Die Semmeln in dünne Scheiben schneiden oder grob würfeln, Milch zum Kochen bringen, über die Semmeln gießen und zugedeckt eine Weile stehen lassen, bis die Semmeln gut durchweicht, aber nicht zu naß sind.

In der Butter die klein gehackte Zwiebel und eventuell das Wammerl glasig braten, die Petersilie noch kurz mit hineingeben. Leicht abkühlen lassen.

Die Eier verquirlen. Alles über die Semmeln gießen, mit Pfeffer und Salz würzen und gut vermengen. Falls die Mischung zu naß ist, um daraus haltbare Knödel zu formen, etwas Mehl hineinkneten.

In einen Topf mit reichlich kochendem Salzwasser geben, das Wasser rasch wieder aufkochen lassen und die Knödel schwimmend bei mäßiger Temperatur in 15–20 Minuten gar ziehen lassen.

# Rezeptverzeichnis nach Sachgruppen

# Alphabetisches Rezeptregister